Das
Weg-mit-dem-Fett
Rezeptebuch

Dr. Dierk Heimann und Armin Roßmeier

herausgegeben von
Prof. Dr. Jürgen Margraf und
Prof. Dr. Volker Pudel

Das
Weg-mit-dem-Fett
Rezeptebuch

Tips und Tricks zur fettnormalisierten Küche

Die Deutsche Bibliothek - CIP-Einheitsaufnahme
Heimann, Dierk:
Das Weg-mit-dem-Fett-Rezeptebuch: Tips und Tricks zur fettnormalisierten Küche /
Dierk Heimann und Armin Roßmeier. Hrsg. von Jürgen Margraf und Volker Pudel. -
Köln: vgs, 1999
ISBN 3-8025-1391-6

Foodfotos: Carl Brunn, Aachen, und Tanja Walck, Düsseldorf
Diätetische Berechnungen: Infothek Ernährung, München
Redaktion: Martina Weihe-Reckewitz
Lektorat: Susanne Breuer
Produktion: Ilse Rader
Umschlag - und Innengestaltung: CCG, Köln
Druck: Universitätsdruckerei H. Stürtz, Würzburg
Printed in Germany
ISBN 3-8025-1391-6

Besuchen Sie unsere Homepage im WWW: http://www.vgs.de

Inhalt

Vorwort

Kaum war sie da, war sie auch schon wieder weg: Die Nachfrage nach der neuen Anti-Fett-Pille Xenical® überstieg alle Erwartungen. In den ersten Tagen und Wochen vor und rund um die Einführung im August und September 1998 entwickelte sich ein regelrechtes Medienspektakel, das mit vielen Versprechungen, Erwartungen und Beteuerungen daherkam. Ein Medikament wurde, wie wenige Monate vor ihm die Potenzpille Viagra®, zum Thema von Stammtischrunden und Kaffeekränzchen.

Denn endlich schien die Erfüllung der großen Hoffnung in greifbare Nähe gerückt: Ohne Hungern und dennoch erfolgreich abnehmen! Das „Ei des Kolumbus" für alle Übergewichtigen? Jein! Xenical® ist keine Wunderpille, sondern ein Medikament mit einer realistischen Aussicht auf dauerhaftes Abnehmen.

Die 1.gute Nachricht: Der Xenical®-Wirkstoff Orlistat bietet erwiesenermaßen eine nebenwirkungsarme und wirkungsvolle Hilfe auf Rezept (!) für all diejenigen, die unter extremem und damit krankhaftem (!) Übergewicht leiden. Dies ist durch verschiedene medizinische Studien und die bislang vorliegenden Erfahrungen eindeutig belegt. Das Abnehmen gelingt damit leichter und geht etwas schneller. Die leichten Nebenwirkungen können weitgehend durch das richtige Eßverhalten vermieden werden, sind in der Regel harmlos, wenn auch zuweilen unangenehm (vgl. Seite 18).

Die 2. gute Nachricht: Auch wer „nur" 2, 3, 4 oder gar 10 kg zuviel auf den Rippen hat, kann sich dieses neue „Weg-mit-dem-Fett-Erfolgsprinzip" zunutze machen – und das ohne Medikament und dennoch ohne zu hungern. Denn hinter dem neuen Anti-Fett-Medikament steckt nichts anderes als die konsequente Umsetzung der aktuellen Erkenntnisse aus der Ernährungswissenschaft: Nur das Fett macht fett, sonst nichts!

Auf den folgenden Seiten erfahren Sie daher alles Wissenswerte darüber, wie Sie mit weniger Fett mehr für Ihre Gesundheit und zugleich Ihre Figur tun können. Ob nun mit Medikament, verordnet durch den Arzt, oder ohne: Wer sich fettnormalisiert ernährt, der kann satt und mit jeder Menge Geschmack und Genuß abnehmen. Das gilt auch für alle Xenical®-Patienten, denn das neue Medikament verstärkt lediglich den Low-fat-Effekt der fettnormalisierten Ernährung.

Dieses zweite Weg-mit-dem-Fett-Buch bietet jedem Übergewichtigen kompakte Hintergrundinfos für den Einstieg ins Low-fat-Prinzip, praktische Tips, übersichtliche Wochenpläne für den Start und 100 leckere Rezepte, wie Sie mit wenig Fett viele Gewichtskilos abschaffen können. Und wenn Sie unser erster Buch (bisher!) nicht gelesen haben, sind hier die wichtigsten Grundlagen noch einmal zusammengefaßt. Wer die vorgestellten Tips bereits kennt, der kann sich sogleich an die Rezepte machen. Eines versprechen wir Ihnen schon jetzt: Es wird Ihnen bestimmt schmecken!

Uns bleibt nur, Ihnen beim Abnehmen jeden erdenklichen Erfolg zu wünschen – und guten Appetit!

Dierk Heimann   Jürgen Margraf

Armin Roßmeier   Volker Pudel

Weniger ist mehr–
die Low-fat-Ernährung

Wie viele Scheiben Brot essen Sie pro Tag? Wahrscheinlich kommen Sie auf 3-5 Scheiben täglich, so wie die meisten: zum Frühstück zwei Scheiben, zwischendurch für den kleinen Hunger noch eine und zum Abendessen dann noch zwei Scheiben. Gegen das Brot allein ist auch nichts zu sagen, aber vermutlich wird jede Scheibe mit Butter oder Margarine bestrichen, weil es einfach besser schmeckt. Aber versuchen Sie doch einmal zu schätzen, wieviel Fett Sie auf diese Weise pro Jahr zu sich nehmen? 1 kg oder 2, 3 oder vielleicht sogar 4 kg?

Nein, es sind viel mehr! Wenn Sie nur 10 g Fett, egal ob Butter oder Margarine auf jede Scheibe Brot schmieren, dann kommen Sie pro Jahr auf mehr als 15 kg reines Fett – drastischer ausgedrückt: auf zwei große Putzeimer voll. Und diese erstaunliche Menge stammt eben nicht aus der vielzitierten fetten Weihnachtsgans, dem durchwachsenen Lammbraten oder dem festlichen Lachs. Nein, sie stammt aus unserem „täglich Brot" bzw. dem, was sich darauf befindet. Den Aufschnitt haben wir dabei übrigens noch gar nicht mitgerechnet. Macht man sich jetzt bewußt, daß jedes Gramm Fett doppelt so viele Kalorien speichert wie 1 g Kohlenhydrate oder Eiweiß, dann wird schnell klar: Das Fett ist der Dickmacher Nr. 1! Besonders die sogenannten versteckten Fette in deftigen Butterbroten oder dem vermeintlich kalorienarmen Salat mit schön viel Öl sind es, die die Fettkilos auf die Hüften bringen.

500 g Kohlenhydrate pro Tag – damit bleibt jeder schlank

Fett ist nicht nur das energiereichste Lebensmittel überhaupt, es wird zudem auch noch am leichtesten vom menschlichen Körper gespeichert. An Kohlenhydraten (und eben nicht nur Zucker) und Eiweiß muß dagegen erst ein gewisses Quantum aufgenommen werden, bevor der Organismus daraus Speicherfett herstellt. Bei den Kohlenhydraten sind dies etwa 500 g pro Tag (!). Ein Pfund Zucker vor Augen ist schon allerhand, stellt aber Kohlenhydrate in Reinform dar. Betrachtet man dagegen den Kohlenhydratanteil der Grundnahrungsmittel wie Brot, Kartoffeln, Nudeln, Reis, Gemüse etc., dann verbergen sich hinter 500 g Kohlenhydrate regelrechte Berge von Nahrungsmit-

500 g Kohlenhydrate sind enthalten in etwa	
650 g geschältem Reis (roh)	= ca. 13 Portionen
750 g Nudeln (roh)	= ca. 15 Portionen
800 g Haferflocken	= ca. 20 Portionen
1,2 kg Brot (Roggenbrot)	= ca. 10 Portionen
3 kg Kartoffeln	= ca. 15 Portionen
12 kg Möhren	= ca. 40 Portionen
25 kg Blumenkohl	= ca. 60 Portionen

teln, die einen längst satt werden lassen, bevor man auch nur in die Nähe der Fettansatzschwelle gerät.

Da wir pro Tag etwa 1-1,5 kg feste Nahrung benötigen, um uns satt und wohl zu fühlen, liest sich die Schlußfolgerung wirklich gut: Ganz egal, wie man kohlenhydratreiche Grundnahrungsmittel kombiniert, man läuft keinesfalls Gefahr, die 500-g-Kohlenhydrat-Fettansatz-Schwelle zu überschreiten. Guten und süßen Appetit!

Warum also Übergewicht?

Bleibt die Frage, warum trotzdem etwa jeder zweite Deutsche zuviel wiegt und sogar 15 Millionen Bundesbürger durch Übergewicht regelrecht krank sind. Die Antwort klingt fast zu einfach: Vor allem das Fett in der Nahrung macht fett, sonst (fast) nichts!

Ausnahme I: Flüssige Kohlenhydrate, Zucker nämlich, die massenhaft in Cola und süßen Limonaden vorkommen. Auf solche versteckten Energiemengen in flüssiger Form ist unser Organismus nicht eingestellt, denn solche „Hochenergie-Getränke" kommen in der Natur nicht vor. Wer also Limonade literweise trinkt, der wird auch ohne Fett in der Nahrung fett (vgl. Seite 14 f.). Ausnahme II ist ebenfalls flüssig: Alkohol bringt es mit 7 kcal/g auf Platz 2 der Energiehitliste, nur knapp hinter dem Fett mit 9 kcal/g. Alkohol ist ein starkes Nervengift, und der Organismus muß ihn so schnell wie möglich unschädlich machen. Das geschieht in der Leber mit Hilfe eines Enzyms (Alko-hol-Dehydrogenase), das die Aufgabe hat, den Alkohol zu entgiften und ihn in harmlose, aber leider kalorienreiche Abbauprodukte zu zerlegen. Da dieser Entgiftungsvorgang absoluten Vorrang hat, muß alles andere zurückstehen, auch die Verdauung und Verbrennung anderer Nahrung – inklusive des Fettes (vgl. Seite 15).

Fett – so viel wie nötig, so wenig wie schmeckt

Die Bedeutung von Fett läßt sich aber nicht allein auf seinen Energiegehalt reduzieren, denn Fett ist viel mehr: Geschmacksträger, Vitamintransporteur und lebenswichtiger Bestandteil vieler Stoffwechselprozesse. Kurzum: Ohne das Fett läuft nichts! Ein Widerspruch zum gesunden Abnehmen nach dem Weg-mit-dem-Fett-Prinzip? Nein! Es kommt nur darauf an, so viel Fett wie nötig zu essen und gleichzeitig auf solche Fettbomben zu verzichten, die weder am Geschmack etwas ändern noch notwendig sind.

Von besonderer Bedeutung für den Organismus sind die sogenannten ungesättigten Fettsäuren, die vor allem in pflanzlichen Produkten (z. B. in Öl und Margarine) vorkommen. Auch Fisch ist reich an diesen lebenswichtigen Fetten. Etwa 10 g der ungesättigten Fettsäuren braucht der Körper jeden Tag. Wer darauf verzichtet, schadet auf Dauer seiner Gesundheit.

Anders sieht ist es mit den tierischen Fetten aus, die vor allem die sogenannten gesättigten Fettsäuren enthalten. So gut Butter, Sahne & Co. auch schmecken, für den Körper sind sie nicht notwendig – allenfalls indirekt als Vitamintransporteure. So gelangen die fettlöslichen Vitamine A, D, E und K nur dann in den Körper hinein, wenn sie sich im Nahrungsfett anreichern und mit ihm aufgenommen werden.

Gelingt es, die tägliche Fettaufnahme auf 60 bis 80 g pro Tag zu reduzieren, dann können alle vier maßgeblichen Gesundheitsziele auf einmal erreicht werden:

Das Low-fat-Prinzip

genügend ungesättigte Fettsäuren für eine ausgewogene Ernährung

genügend fettlösliche Vitamine für die Funktion des Stoffwechsels

genügend Fett als Geschmacksträger

genügend Fett, um gesund und ohne Hunger abzunehmen

Fettpunkte statt Kalorientabellen

Kohlenhydrate und Eiweiß machen nicht dick – deshalb kann man sie auch ungehindert essen. Die Konsequenz daraus: Kalorientabellen bringen überhaupt nichts in bezug auf die Gewichtskontrolle, weil sie alle Nahrungsbestandteile über den sprichwörtlichen Kamm scheren. Wer gesund abnehmen möchte, der

muß sich daher auf das Fett konzentrieren. Diesem Zweck dient unser sogenanntes Fettpunktekonto (vgl. Seite 12 f.): Jeder Fettpunkt entspricht dabei 1 g Fett. 60 bis 80 Fettpunkte liegen also sozusagen im „grünen Bereich". Wer pro Tag nicht mehr Fett zu sich nimmt, kann es mit dem Abnehmen schaffen – auch wenn man mal etwas über die Stränge schlägt, denn es ist möglich, die überzähligen Fettpunkte in den folgenden Tagen wieder auszugleichen: Was zählt, ist die Wochenbilanz. Wenn nach sieben Tagen wieder alles im Lot ist, d. h. durchschnittlich nicht mehr als 80 Fettpunkte zu zählen sind, ergibt sich eine erfolgreiche Woche, an deren Ende weniger Gewicht steht.

Viel Geschmack und wenig Fett

Die 100 Gerichte, die Sie in diesem Buch finden, haben alle eines gemeinsam: Sie schmecken richtig lecker und enthalten trotzdem nur wenig Fett. Die ideale Ernährung für alle, die auf Dauer und mit Geschmack abnehmen möchten, ganz egal, ob mit oder ohne Xenical® (vgl. Seite 11 ff.), denn auf diese Weise verliert jeder seine überflüssigen Pfunde. Wir haben daher alle Rezepte für sie fettbilanziert und für jede Portion den Fettgehalt in Punkten angegeben. Für Diabetiker wird der Kohlenhydratanteil zusätzlich aufgeführt.

Wie Sie unser Weg-mit-dem-Fett-Prinzip optimal umsetzen können, erfahren Sie anhand der 8 Schritte im nächsten Kapitel – gehen Sie mit!

Weniger ist mehr –
Das Weg-mit-dem-Fett-Prinzip in 8 Schritten

1. Weniger ist mehr –
60 bis 80 g Fett pro Tag sind genug!

Ein Leben lang irgendwelche Fettpunkte zusammenzählen? Keine Lust!? Verständlich, und das müssen Sie auch nicht! Das Prinzip der Fettpunkte soll Ihnen nur in den ersten Wochen und Monaten dabei helfen, Ihre Ernährung sinnvoll umzustellen. Nach einiger Zeit werden Sie ganz automatisch diejenigen Lebensmittel auswählen, die Ihnen schmecken und gleichzeitig wenig Fett enthalten. Nehmen Sie sich bei der Umstellung Ihrer Ernährungsgewohnheiten aber nicht zuviel vor, denn Ziel ist das gesunde und dauerhafte Abnehmen: Bitte machen Sie sich bewußt, daß eine fettnormalisierte Ernährung keine (Blitz-)Diät ist, die man nach vier oder acht Wochen wieder absetzt, sondern eine Ernährungsumstellung auf geschmackvolle fettarme Mahlzeiten, in die auch „fette" Ausnahmen problemlos eingeplant werden können. Sie müssen auf nichts verzichten, Sie haben nur die Qual der Wahl:

Sie möchten beispielsweise ein Glas Milch trinken. In Vollmilch sind normalerweise etwa 3,5 % Fett enthalten, was 3,5 g Fett pro 100 g Milch entspricht. In ein Glas passen etwa 200 ml, also rund 200 g Milch, mit denen Sie 2 x 3,5 g Fett = 7 g reines Fett zu sich nehmen. Fettarme Milch beinhaltet dagegen nur 1,5 % Fett, so daß Sie ohne wesentlichen Geschmacksverlust damit nur etwa 2 x 1,5 g = 3 g Fett aufnehmen.

Angenommen Sie essen besonders gerne Fleisch. Bratwürste schlagen pro Stück (à 120 g) im Schnitt mit 25-30 g Fett zu B(a)uche. Das macht fast die Hälfte von dem aus, was Sie pro Tag zu sich nehmen sollten. Dennoch müssen Sie nicht auf ein knuspriges Stück Fleisch verzichten, denn die gleiche Fettmenge (ca. 20 g) ist zum Beispiel in 2 kg (!) Putenfleisch enthalten. Wenn Sie sich also statt für eine fette Bratwurst für knuspriges Geflügelfleisch entscheiden, können Sie sich daran satt essen, ohne Ihr Fettkonto übermäßig zu strapazieren.

Wer geschickt auswählt, kann also wirklich ohne Hunger und gleichzeitig mit viel Genuß abnehmen. Wenn Sie keine Lust haben, den Fettgehalt vieler Lebensmittel mühevoll von der Liste der Inhaltsstoffe auf den Produkten abzulesen und auf einem Zettel zu addieren: In unserem ersten Buch *Weg mit dem Fett* finden Sie nicht nur alle ausführlichen Informationen übers Abnehmen, sondern auch ein vollständiges Fettkonto samt einer ausführlichen Lebensmittelübersicht mit Fettpunkteangabe und einem Gewichtskalkulator (letztere auch zu bestellen bei: Infobüro Adipositas, Patientenberatung, Hopfensack 19, 20457 Hamburg). Einfacher als damit geht's wirklich nicht. Unbedingt notwendig aber sind diese Hilfsmittel nicht, denn nach dieser einfachen Formel ergeben sich die Fettpunkte ganz von selbst:

Menge Speise/
Getränk (in g)
$$\frac{}{100} \bullet \text{Fettgehalt (in \% oder g/100 g)}$$
= Gramm reines Fett in Speise/Getränk
= Anzahl der Fettpunkte

Ein Beispiel:

$$\frac{150 \text{ g Erdnüsse}}{100} \times 80 \text{ g/100 g} \quad \begin{array}{l} = 12 \text{ g Fett} \\ = 12 \text{ Fettpunkte} \end{array}$$

2. Weniger ist mehr –
Genüsse bewußt einplanen

Eine Tüte Chips, ein Croissant mit Schokostückchen, eine Bratwurst oder auch ein Salat mit ordentlich Olivenöl – alles reine Fettbomben. Von jetzt auf gleich hat man damit den größten Teil seiner „sinnvollen" Fettpunkte pro Tag bereits genossen. Aber wer möchte schon für immer auf solche Genüsse verzichten? Niemand! Wenn Sie sich also beispielsweise pro Woche zwischendurch an einer Imbißbude mal eine Bratwurst gönnen möchten, dann planen Sie diese einfach ein. Ein Beispiel: Wenn Sie genau wissen, daß es ohne einen Hamburger mit Pommes und Mayo pro Woche (mit zusammen etwa 50 Fettpunkten) einfach nicht geht, dann nehmen Sie sich die Wochenbilanz Ihres Fettkontos einmal zur Hand und teilen Sie diese 50 Fettpunkte durch sieben (Wochentage). Sie kommen so auf rund sieben Fettpunkte pro Tag, die Sie einsparen

Der grüne Bereich

Sie liegen mit Ihren Fettpunkten genau auf Abnehmkurs. Halten Sie diesen Bereich und stabilisieren Sie ihn.

Der gelbe Bereich

Sie liegen „dicht dran". Mit nur noch kleinen Veränderungen schaffen Sie den Sprung in die grüne Zone. Die zweite Möglichkeit: Heute gelb, morgen „dunkelgrün" – was Sie heute zuviel haben, sparen Sie morgen wieder ein.

Der rote Bereich

Sie liegen zwar noch deutlich „über der Norm", aber niemand sagt, daß dies auch so bleiben muß. Durchforsten Sie Ihren Speiseplan und wenn Sie mal über die Stränge geschlagen haben, sparen Sie an den folgenden Tagen etwas ein.

sollten. Legen Sie sich also Ihren Tagesplan so zurecht, daß Sie mit etwa 53 Punkten (60 sinnvolle Fettpunkte pro Tag – 7 „Sparpunkte" = 53 Punkte pro Tag) auskommen.

Wann auch immer Sie nun (einmal pro Woche) Lust auf den Hamburger samt Pommes haben, bleibt Ihnen überlassen. Sie müssen auch an diesem Tag nicht kürzer treten, denn Sie haben eben diesen fettreichen Genuß schon in Ihrer Wochenplanung berücksichtigt.

Wochenübersicht

1 Kreis entspricht 1 g Fett = 1 Fettpunkt

Tag

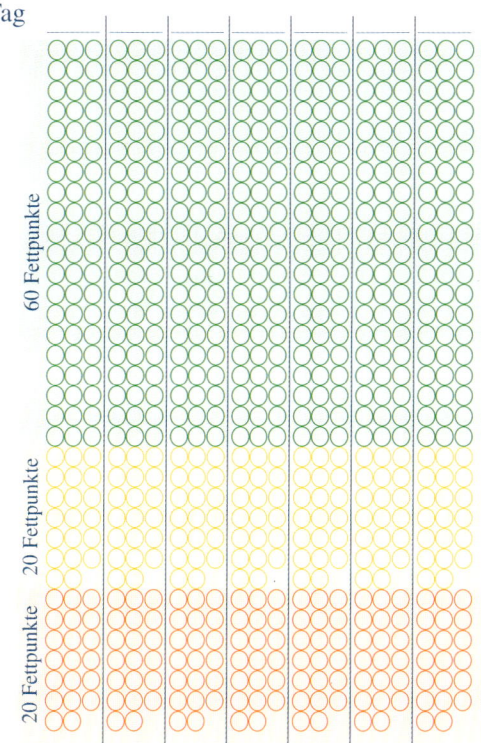

In Ihr Fettpunktekonto tragen Sie täglich Ihre Fettpunkte ein, die Sie zu sich genommen haben

3. Weniger ist mehr – bewußt einkaufen

Eine fettnormalisierte Ernährung beginnt schon beim Kaufmann um die Ecke bzw. im Supermarkt. Es gilt die Regel: Was im Einkaufswagen landet, das landet auch früher oder später in Ihrem Magen! Versuchen Sie deshalb unbedingt, schon beim Einkaufen solche Lebensmittel auszuwählen, die besonders wenig Fett enthalten. Fünf einfache Tips können Ihnen dabei helfen:

Einkaufstips

• Verzichten Sie auf Wurstsorten, die „durch den Wolf" gedreht wurden oder besonders cremig sind, denn sie enthalten meistens sehr viel Fett (30 - 40 %).

• Meiden Sie Fleischsorten, die besonders viel sichtbares Fett enthalten. Ein Fettrand aber ist kein Problem: einfach abschneiden, denn der Geschmack bleibt dennoch erhalten.

• Milch und alle Milchprodukte schmecken auch mit weniger Fett sehr gut. Ob nun als Joghurt, Quark, Milch oder Pudding: 1,5 % Fett sind dabei mehr als genug. Manche Low-fat-Produkte bringen es sogar auf nur 0,1 bis 0,2 % Fett.

• Vorsicht mit Nüssen und Avocados: Bis zu 80 % der Kalorien darin bringt allein das enthaltene Fett.

• Bei allen Fertigprodukten, vom Müsli bis hin zum kompletten Mittagsmenü, sollten Sie unbedingt den Fettgehalt auf der Packung überprüfen: Fett ist nun einmal auch ein Geschmacksträger und ein 500-g-Mittagessen kann bereits mit 50 g Fett (also 50 Fettpunkten) und mehr beladen sein.

4. Weniger ist mehr –
weniger Frust, mehr bewußter Genuß

Eines der größten Probleme vieler Übergewichtiger ist es, daß sie einfach drauflos essen. Kaum meldet sich der kleine Hunger (oder auch nur die Langeweile), und schon wird das Nächstbeste verspeist. Essen wird oft zur Frustbremse und dient eigentlich weniger dazu, ein echtes Hungergefühl zu stillen. Genau dieses Eßverhalten ist fatal: Häufig stellt sich nach dem „Anti-Frust-Happen" noch mehr Frust ein, denn zu der ohnehin angespannten Stimmungslage gesellt sich jetzt auch noch ein schlechtes Gewissen hinzu. Und spätestens nach mehreren Freßattacken macht dann auch die Waage klar, daß mehr Kilos rund um die Hüften nicht zwangsläufig mit weniger Frust einhergehen. Unbedachtes Naschen ist eine schlechte Frustbremse mit gewichtigen Nebenwirkungen.

Führen Sie sich daher Ihr Eßverhalten selbstkritisch vor Augen und überlegen Sie mindestens eine Minute, bevor Sie etwas essen, ob Sie tatsächlich (!) Hunger haben und ob Sie auch das Richtige ausgewählt haben. 60 Sekunden nur, die Ihnen aber bewußtmachen, was Sie wann und warum zu sich nehmen.

Einige Beispiele: Eine Tiefkühlpizza mit Salami kann es auf bis zu 50 Fettpunkte bringen. Eine Tafel Schokolade enthält bis zu 40 g Fett, und auch ein Sahnepudding gegen den kleinen Appetit treibt das Fettkonto um bis zu 20 Punkte in den roten Bereich. Aber Sie müssen nicht all die guten Happen gänzlich

aus Ihrem Alltag streichen. Fragen Sie sich einfach, auf welche „Anti-Frust-Fettkalorien" Sie verzichten können oder welche Low-fat-Alternativen es gibt. Durch die bewußte Auswahl lassen sich eine Menge Fettpunkte sparen: Die Tiefkühlpizza läßt sich (lecker) ersetzen durch ein tiefgefrorenes Baguette mit Salami mit gerade mal 13 Fettpunkten. Anstelle des Sahnepuddings tut es zum Beispiel auch etwas Götterspeise mit weniger als 1 g Fett, Gummibärchen oder Rote Grütze. Und aus der Schokolade könnten einige Löffelbiskuits werden, die pro 100 g ebenfalls weniger als 1 g Fett enthalten.

Wir gehen jede Wette ein: Wer mit süßen, aber (fast) fettfreien Verführungen auf mehr als 500 g reine (!) Kohlenhydrate, also Zucker, pro Tag kommt, der wird es mit Sicherheit nur einmal tun – denn danach ist einem übel!

5. Weniger ist mehr –
Kohlenhydrate light ist in und out

Kohlenhydrate machen (fast) nicht dick – zumindest dann nicht, wenn wir sie in fester Form zu uns nehmen. Die Zuckerverwandten bringen immer auch ein gewisses Volumen an Nahrung mit sich, auf das ein Sättigungsgefühl folgt, bevor uns die süße Fracht dick werden läßt. Anders aber sieht es mit trinkbaren Kohlenhydraten aus, also in Form von Cola, Limonade oder süßen Säften usw. Der Organismus wird dann überlistet, und das Sättigungsgefühl setzt nicht oder viel zu spät ein (vgl. Seite 9). Wer also literweise Süßgetränke zu sich nimmt, dem drohen jede Menge Fettkilos (Jeder Liter Limonade enthält 100 g Zucker!). Die gewichtsneutrale Alternative sind hier Light-Getränke, bei denen der Zucker durch Substanzen ersetzt wurde, die zwar süß schmecken, aber dem Körper so gut wie keine Energie liefern.

Bei festen Kohlenhydraten sollte man aber auf Light-Produkte verzichten: Auch wenn bei vielen Süßspeisen, Joghurts oder Quarkprodukten kohlenhydratarme (nicht etwa fettarme!) Light-Varianten angeboten werden, können Sie getrost die Finger davon lassen. Mehr noch: Eben diese Kohlenhydrate sind wichtig, um das gesunde Sättigungsgefühl entstehen zu lassen, das als Eßbremse fungiert. Sie fühlen sich schneller satt und wohl. Auch Heißhungerattacken werden mit „vollwertigen" Produkten seltener.

6. Weniger ist mehr –
steter Tropfen höhlt den Erfolg

„Ein Gläschen in Ehren kann niemand verwehren" – ein alter Ausspruch, der auch rund um eine fettnormalisierte Ernährung gilt. Allerdings sollte es wirklich bei einem Gläschen eines alkoholischen Getränks bleiben, denn der übermäßige Genuß sprengt jede Fettbilanz: Alkohol bringt fast genauso viele Fettpunkte auf Konto und Hüften wie das Fett selbst (vgl. Seite 9).

7. Weniger ist mehr –
Bewegung bringt mehr Erfolg

Wer sich etwa dreimal pro Woche für ungefähr 30 Minuten mit Spaß bewegt, der ist auf dem richtigen Weg: Man nimmt schneller ab, und man hält sein Gewicht auf Dauer. Aber niemand muß dabei zum Leistungssportler werden, um mehr Erfolg beim Abnehmen zu haben und vor allem den Gewichtsverlust auf Dauer zu halten. Wenn Sie beispielsweise nur auf einen Spielfilm im Fernsehen (ca. 90 min) pro Woche verzichten und sich statt dessen an drei Tagen pro Woche nur jeweils 30 Minuten (!) Bewegung verschaffen, dann sind Sie auf dem richtigen (Abnehm-)Kurs. Wem selbst das schwerfällt, der kann auch vor dem Fernseher auf dem Heimtrainer radeln – denn jeder Meter zählt.

Wir sprechen hier ganz bewußt nicht von Sport, sondern von mehr Bewegung. Wenn Sie in den letzten Jahren um jegliche Bewegung einen großen Bogen gemacht haben, dann fangen Sie bitte ganz langsam wieder damit an – einfach, indem Sie gewohnte Gehstrecken Stück für Stück verlängern. Wenn Sie beispielsweise mit dem Bus zur Arbeit fahren, dann steigen Sie ab morgen doch einmal eine Station früher aus und gehen Sie einige Minuten länger als sonst ganz gemütlich. Oder nehmen Sie im Bürohaus oder Kaufhaus statt des Aufzugs die Treppe.

Dies sind nur zwei Möglichkeiten von vielen, behutsam und gezielt wieder etwas körperliche Bewegung in Ihr Leben zu bringen und Ihre verlorengegangene Kondition etwas aufzubessern. Wenn Sie es dann schaffen, etwa 15 bis 30 Minuten ohne Schwierigkeiten spazierenzugehen, können Sie den nächsten Schritt versuchen: Wählen Sie eine gesunde Ausdauersportart wie Schwimmen, Walking oder Radfahren, die für Übergewichtige besonders gut geeignet sind, weil sie den Bewegungsapparat wenig belasten und je nach persönlicher Konstitution und Tagesform ausgebaut werden können.

Aber nehmen Sie sich nicht zuviel vor, es reicht, wenn Sie versuchen, etwa dreimal pro Woche aktiv zu werden. Wenn's heute nicht klappt, dann eben morgen. Starre Regeln können auch einengen und frustrieren. Wenn Sie es unter der Woche nicht hinbekommen, dann schaffen Sie es vielleicht am Wochenende. Bleiben Sie also unbedingt locker und entspannt. Mehr über den richtigen Sport und sinnvolle Bewegungsprogramme für den Einstieg finden Sie übrigens in unserem ersten Buch *Weg mit Fett!*.

Wichtig sind eigentlich nur zwei Regeln:

* Wenn Sie seit Jahren keinen Sport gemacht haben, sprechen Sie bitte vorher mit Ihrem Arzt darüber und fragen Sie ihn nach seiner Meinung.
* Bis Ihnen eine solche Ausdauersportart Spaß macht, dauert es leider (!) ein paar Wochen. Der Körper braucht seine Zeit, um sich (wieder) an regelmäßige Bewegung zu gewöhnen. Zumindest am Anfang ist deshalb etwas zusätzliche Motivation nötig, aber dann macht Sport wirklich Spaß – auch Ihnen!

Aber damit können Sie eine Menge erreichen, denn etwas mehr Bewegung ist für Sie und damit Ihren Körper gleich aus mehreren Gründen (lebens-)wichtig:

* Sie nehmen schneller ab!
* Sie halten Ihr Gewicht leichter und auf Dauer!
* Sie stärken Herz und Kreislauf!
* Sie werden in allen Bereichen leistungsfähiger!
* Sie bauen Streß ab!
* Sie haben mehr Spaß!

Sollte das kleine Teufelchen in Ihrem Kopf Sie dennoch partout von Bewegung abhalten wollen, hier noch ein Tip: Rufen Sie beim Sportverein oder auch der Volkshochschule an und fragen Sie nach speziellen Bewegungskursen für Übergewichtige. Denn in einer Gruppe ist die Motivation ansteckend, und es läßt sich einfach besser sporteln.

8. Weniger ist mehr – langsam runter mit den Kilos

Wenn Mann oder Frau sich dazu aufraffen, nun endlich mit dem Übergewicht Schluß zu machen, dann soll es bitte auch schnell gehen – am besten ganz ohne Hunger und ohne eine lästige Umstellung der Ernährungsgewohnheiten. Die Werbung macht sich diesen Herzenswunsch zunutze. Doch ganz egal, wer Ihnen einen solchen Weg verspricht: Er lügt! Vor allem die sogenannten Crash-Diäten mit „garantierten zehn Pfund weniger in nur zehn Tagen" bringen gar nichts. In erster Linie wird dabei Wasser aus dem Körper ausgeschwemmt und Muskelmasse abgebaut. Das sieht auf der Waage zwar gut aus, die Fettpölsterchen aber bleiben. Und kaum sind die zehn Tage um, ist es auch schon wieder vorbei mit dem Kurzzeiterfolg.

Nur wer langsam, schonend und damit gesund abnimmt, hält sein Gewicht auf Dauer. Nehmen Sie sich daher nicht zuviel vor. Wenn Sie sich fettnormalisiert ernähren, können Sie etwa ein Pfund pro Woche gut schaffen – ohne den typischen Jo-Jo-Effekt nach einer Crash-Diät, der sie um so schneller wieder zunehmen läßt. Wenn Sie zusätzlich Sport treiben, ist sogar noch mehr drin, bis zu 1 kg pro Woche (und mehr). Noch schneller Gewicht zu verlieren ist weder ratsam noch sinnvoll. Nur dann, wenn Sie unter krankhaftem, also einem extremen Übergewicht leiden, kann man mit Hilfe von Medikamenten noch etwas mehr schaffen.

Natürlich gibt es so etwas wie Rückschläge, was aber nicht das vollkommene Scheitern bedeuten muß. Es kommt allein darauf an, wie Sie damit umgehen. Bleiben Sie also auch hier locker und entspannt. Ihre fettnormalisierte Ernährung ist flexibel genug, um auch auf spontane Bedürfnisse einzugehen. Wichtig ist allein, daß es mit Ihren Kilos langsam, aber stetig bergab geht. Ein kleiner Rückschritt bergauf, ein Pfund mehr auf der Waage, bringt Sie nicht gleich vom rechten Wege ab. Sehen Sie es als eine zusätzliche Motivation, Ihre Eßgewohnheiten nochmals kritisch unter die Lupe zu nehmen. Und freuen Sie sich über jedes Pfund, das Sie schaffen, denn es bringt Sie Ihrem Ziel einen Schritt näher – Sie sind auf dem richtigen Weg.

Xenical®
– kein Wundermittel, aber eine gute Hilfe

Die Zeitungen, Fernseh- und Radioberichte waren voll davon, immer wieder konnten (und sollten) Patienten über ihre ersten Erfahrungen mit dem neuen Medikament berichten. Rund um die Einführung von Xenical® fand ein enormes Medienspektakel statt, in dessen Verlauf (wie so oft) viel Wahres, Halbwahres und Falsches über die sogenannte „Anti-Fett-Pille" verbreitet wurde. Zur Beseitigung von Unklarheiten fassen wir im folgenden noch einmal das Wichtigste über das neue Medikament zusammen.

Ein gutes Medikament für kranke Menschen

Eine kleine Schnittwunde am Finger wird nicht gleich mit Antibiotika behandelt. Wenn aber eine klaffende Wunde infiziert und der Organismus damit überfordert ist, macht ein solches Antibiotikum Sinn. Die Mediziner sprechen in diesem Fall von einer „Indikation im Sinne des Anwendungsgebietes". Genauso setzt man den Anti-Fett-Wirkstoff Orlistat in Xenical® ein: Er sollte und darf laut Zulassung nur bei solchen Menschen angewendet werden, die unter krankhaftem Übergewicht leiden oder aufgrund ihrer überschüssigen Pfunde und einer zusätzlichen Erkrankung (zum Beispiel Diabetes) doppelt gefährdet sind. Alle anderen, für die diese Indikation nicht zutrifft, können sich auf das Abnehmen ganz ohne Medikamente freuen – nur mit einer fettnormalisierten Ernährung und etwas zusätzlicher Bewegung nämlich.

Keine Wunderpille

Der Wirkstoff Orlistat ist alles andere als ein Wundermittel! Er wurde entwickelt, um die Fettaufnahme aus dem Darm zu vermindern. Je weniger Fett in den Körper aufgenommen wird, desto schneller verschwinden die Fettkilos.

Grundsätzlich funktioniert dieser Effekt immer: Ungefähr 30 % des Nahrungsfettes bleiben damit im Darm und werden auf natürlichem Wege ausgeschieden. Ein Vorteil, der zugleich zum Nachteil werden kann, denn je stärker der Nahrungsbrei mit unverdautem Fett angereichert ist, desto weicher und öliger wird er. Wer also ungebremst Bratwürste, Sahnepuddings und Käsewürfel in sich hineinschaufelt und das Ganze dann mit der blauen Pille Xenical® krönt, der wird sein blaues Wunder erleben: Das überschüssige Fett muß nämlich auch wieder raus aus dem Körper. Je mehr davon oben hineinkommt, desto stärker sind die Nebenwirkungen: Blähungen entstehen, ölige Sprenkel finden sich in der Unterhose, Bauchschmerzen und Durchfälle können auftreten. Nebenwirkungen, die zwar harmlos, aber keineswegs angenehm sind.

Wer diese vermeiden möchte, sollte sich genau so ernähren, wie es für jeden (auch schlanken) Menschen gesund und empfehlenswert ist: nämlich fettnormalisiert mit höchstens 60 bis 80 g Fett täglich. Die Anti-Fett-Pille hat vor allem zwei positive Effekte: Sie beschleunigt und erleichtert das Abnehmen, und sie hilft dabei, die Ernährung im Rahmen eines Low-fat-Programms umzustellen – denn nur dann wirkt sie ohne die unangenehmen Nebenwirkungen.

Aber auch, wenn man alles richtig macht: In den ersten Wochen braucht der Körper etwas Zeit, um sich an das für ihn neue Medikament zu gewöhnen. Ein Anzeichen dafür sind die bereits erwähnten Nebenwirkungen, die auftreten können. Diese unangenehmen Einstiegseffekte verschwinden aber in der Regel innerhalb von zwei Wochen ganz von alleine wieder.

Die fettnormalisierte Ernährung

Durch den Wirkstoff Orlistat wird die Fettaufnahme des Körpers reduziert. Es ist daher besonders wichtig, daß die Nahrung reich an solchen lebenswichtigen Stoffen ist, die von dieser verminderten Aufnahme des Nahrungsfettes ebenfalls betroffen sind. In besonderem Maße sind dies die fettlöslichen Vitamine A, D, E und K sowie die ungesättigten Fettsäuren aus Ölen, Margarine, pflanzlichen Produkten und Fisch.

Bislang ist nichts darüber bekannt, daß eine zusätzliche Anreicherung der täglichen Ernährung durch Vitaminpräparate nötig wäre. Allerdings schadet sie auch nicht. Wenn Sie also auf Nummer Sicher gehen wollen und keinen Weg finden, sich regelmäßig ausgewogen zu ernähren, können Sie tatsächlich über ein Vitaminpräparat nachdenken.

Bei den ungesättigten Fettsäuren ist die Sache viel einfacher: Viele Produkte, von Margarine über Müsli bis hin zum Olivenöl, sind damit angereichert. Kaum jemand sollte also Probleme haben, genügend ungesättigte Fettsäuren zu sich zu nehmen. Aber denken Sie daran: Etwa 10 g davon pro Tag sind bereits genug. Wer ein- oder zweimal Fisch pro Woche ißt, liegt in jedem Fall im grünen Bereich. Die Rezepte in diesem Buch sind allesamt auf eine solche ausgewogene, fettnormalisierte Ernährung ausgerichtet. Deshalb schon jetzt: Einen guten und gesunden Appetit!

Ihr persönliches Programm: 4 kg pro Monat ohne Rezept

Nun haben Sie bereits eine Menge darüber gelesen, wie Sie ohne Hunger, schonend und damit gesund Ihr Gewicht auf Dauer reduzieren können. Nach der Theorie folgt hier nun die Praxis, die sich vor allem an zwei Punkten orientiert:

• Senken Sie Ihre tägliche Fettaufnahme auf 60 bis maximal 80 g pro Tag.
• Bewegen Sie sich etwa dreimal pro Woche mindestens 30 Minuten.

Anhand eines Wochenplans haben wir für Sie einmal zusammengestellt, wie Sie bis zu 1 kg weniger pro Woche sinnvoll und realistisch schaffen können. Vorausgesetzt, es gelingt Ihnen, sich dreimal pro Woche jeweils für 30 min zu bewegen. Wenn Sie allerdings jahrelang keinen Sport mehr gemacht haben, dann beginnen Sie unbedingt ganz langsam und sprechen Sie vorher (!) mit Ihrem Arzt darüber, ob und welche Bewegung für Sie sinnvoll ist (vgl. Seite 15 f.). Einen weiteren Wochenplan, der als Empfehlung für die Kombination mit Xenical® gilt, finden Sie übrigens im folgenden Kapitel (ab Seite 22). Aber auch wenn Sie kein Xenical®-Patient sind, können Sie die dort angegebenen Gerichte wie auch die im Rezeptteil des Buches für dieses 4-kg-pro-Monat-Programm verwenden – die fettnormalisierte Ernährung bleibt die gleiche. Alle Rezepte sind so konzipiert, daß Sie noch Platz für die Milch im Kaffee oder Tee, einen Saft oder gar ein (!) Glas Wein auf Ihrem Fettkonto haben.

Sie werden in den ersten Wochen und Monaten am stärksten abnehmen. Wenn Sie alles richtig machen, nähert sich Ihr Gewicht immer weiter einem Wert, den Sie als Ihren persönlichen „Wohlfühlpunkt" ansehen sollten. Selbst wenn Sie sich dann weiterhin – und das sollten Sie unbedingt – fettnormalisiert ernähren, wird dieser Punkt nicht weiter unterschritten, es sei denn, Sie treiben noch mehr Sport oder sparen noch effektiver Fett ein. Aber denken Sie bitte daran, daß der Körper etwas Fett unbedingt braucht und Ihnen Ihre Ernährung auch langfristig Spaß machen muß – sonst wird Ihr Erfolg nur von kurzer Dauer sein.

4 kg pro Monat ohne Rezept*

	Montag	Dienstag	Mittwoch	Donnerstag	Freitag	Samstag	Sonntag
Frühstück	120 g Vollkornbrot 25 g feine Leberwurst 1 gek. Ei	Buttermilch-Müsli (S. 27)	80 g Weißbrot 25 g Frischkäse (12,5 % Fett i.Tr.) 30 g Marmelade	Fruchtiges Zwieback-Müsli (S. 29)	Vollkornbrot mit Schinken u. Kohlrabi (S. 29)	Dickmilch-Birnen-Müsli (S. 28 f.)	100 g Landbrot 5 g Butter 40 g Rinder-saftschinken
	14 Fettpunkte	**4 Fettpunkte**	**4 Fettpunkte**	**3 Fettpunkte**	**4 Fettpunkte**	**1 Fettpunkt**	**7 Fettpunkte**
zwischendurch	1 Apfel (150 g) 200 g Dickmilch mit Frucht (1,5 % Fett)	120 g Bauernbrot 200 g Magerquark 100 g Radies-chen, Salz	1 Apfel (150 g) 200 g Fruchtquark (halbfett)	120 g Vollkornbrot 5 g Butter 40 g Tiroler Schinken-wurst	1 Birne (150 g) 500 ml Trinkjoghurt Banane (1,5 % Fett)	60 g Vollkornbrot 25 g Kräuter-schmelzkäse, halbfett	1 Apfel (150 g) 150 g Frucht-joghurt (1,5 % Fett)
	3 Fettpunkte	**1,5 Fettpunkte**	**6 Fettpunkte**	**10 Fettpunkte**	**8 Fettpunkte**	**3 Fettpunkte**	**3 Fettpunkte**
Mittagessen	Deftiger Rosenkohlauf-lauf (S. 78) 200 g Dampfkartof-feln Zitronenquark (S. 101)	Radieschen-suppe (S. 51f.) Kalbfleisch mit Senfsauce (S. 70 f.) Kefir-Kalt-schale (S. 98)	Schweine kotelett mit Äpfeln (S. 75) 200 g Dampf-kartoffeln mit 3 g Butter Joghurt-Tira-misu (S. 103)	Basilikum-Tomatensuppe (S. 54) Hähnchenbrust mit süßsaurem Gemüse (S. 79) 50 g Eier-nudeln, mit 3 g Butter	Sauerkraut-suppe (S. 51) Gemüsepfanne mit Scholle (S. 57) 200g Dampf-kartoffeln mit Petersilie u. 3g Butter	Salat aus Blattspinat u. Austernpilzen (S. 40) Gemüselasagne (S. 91) Gelb-grüne Frucht-grütze (S. 102)	Pochiertes Rinderfilet mit Zwiebelsauce (S. 64) 50 g Eiernu-deln mit 3 g Butter, Frucht-salat (S. 98 f.)
	21 Fettpunkte	**18 Fettpunkte**	**21 Fettpunkte**	**10 Fettpunkte**	**11 Fettpunkte**	**14 Fettpunkte**	**15 Fettpunkte**
zwischendurch	500 ml Trink-joghurt Multifrucht (1,5 % Fett)	1 Stck. Apfel-tarte (S. 103) 150 g Frucht-joghurt (1,5 % Fett)	1 Stck. Baiser-torte (S. 104) 1 Birne (150 g)	1 Apfel (150 g) 500 ml Trinkjoghurt (1,5 % Fett)	Fruchtsalat mit Melone (S. 98)	1 Apfel (150 g) 500 ml Trink-joghurt Frucht (1,5 % Fett)	1 Stck. Apfel-tarte (S. 103)
	8 Fettpunkte	**6 Fettpunkte**	**2 Fettpunkte**	**8 Fettpunkte**	**1 Fettpunkt**	**8 Fettpunkte**	**4 Fettpunkte**
Abendessen	Fischragout (S. 58)	Wildreispuffer mit Apfel-Meerettich-Dip (S. 33)	Spaghetti mit pikantem Kürbisragout (S. 95)	Scharfer Thai-Salat mit Fischhäppchen (S. 46 f.)	120 g Vollkornbrot, Carpaccio mit Rauke u. Kirschtomaten (S. 42)	Hüftgulasch mit Gemüse (S. 66) 200 g Dampfkartoffeln mit Kräutern u. 3 g Butter	Gefülltes Schweine-schnitzel (S.77) Kartoffel-Spargel-Salat (S. 34)
	3 Fettpunkte	**9 Fettpunkte**	**1 Fettpunkt**	**9 Fettpunkte**	**13 Fettpunkte**	**15 Fettpunkte**	**25 Fettpunkte**
Fettpunkte insgesamt	49	38,5	34	40	37	41	53

*Seitenzahlen verweisen auf die Rezepte im Buch

Ihr persönliches Programm:
6 kg pro Monat mit Rezept

Sie haben richtig gelesen. Es ist in der Tat möglich, bis zu 6 kg pro Monat zu verlieren. Vorausgesetzt, Sie haben so viele gesundheitsgefährdende Fettpfunde angesammelt, daß sich Ihr Arzt dazu entschließt, mit zusätzlicher Unterstützung von Orlistat (per Rezept) etwas dagegen zu tun. Aber auch damit funktioniert das Abnehmen nur in Kombination mit einer fettnormalisierten Ernährung - ohne geht's nicht. Sie gehört untrennbar zu einer solchen Behandlung dazu.

Daher heißt es auch hier: Nehmen Sie sich bitte nicht zuviel vor: Sie sollten am Abnehmen Spaß haben und dementsprechend vorgehen. Nur wenn Sie mit sich zufrieden sind, ist Ihnen der Erfolg auf Dauer sicher (vgl. Seite 16 f.). Finden Sie heraus, was Ihnen schmeckt und wie Sie demgemäß Ihre persönliche Ernährung fettnormalisiert umstellen können. Und dabei sind aller guten Dinge drei:

• Nehmen Sie regelmäßig das vom Arzt verordnete Medikament ein.

• Treiben Sie etwa dreimal die Woche für mindestens 30 min Sport.

• Ernähren Sie sich fettnormalisiert – auch nachdem das Präparat abgesetzt worden ist – denn das ist die Grundlage für einen langfristigen, dauerhaften Erfolg.

Damit Ihnen der Einstieg in eine fettnormalisierte Ernährung leichter fällt, haben wir für Sie eine Wochenübersicht zusammengestellt. Eine weitere finden Sie im vorangehenden Kapitel (ab Seite 20). Da für Xenical®-Anwender und -Nichtanwender die gleichen Prinzipien einer fettnormalisierten Ernährung gelten, können Sie also getrost auch die dort und im Rezeptteil dieses Buches empfohlenen Gerichte anwenden. Auch hier sind alle Rezepte so konzipiert, daß Sie noch Platz für Milch in Kaffee oder Tee, einen Saft oder gar ein (!) Glas Wein auf Ihrem Fettkonto haben.

Und wieder gilt: Auch bei der Xenical®-Therapie werden Sie zu Beginn am stärksten Gewicht verlieren und irgendwann einen Punkt erreichen, an dem jedes Pfund weniger mit immer mehr Aufwand für Sie verbunden sein wird – also noch mehr Sport und noch weniger Fett. Sprechen Sie dann unbedingt mit Ihrem Arzt: Spätestens ab diesem Moment macht eine medikamentöse Behandlung nämlich nur noch wenig Sinn – denn jetzt heißt es, den erreichten Erfolg zu stabilisieren. Genau das schaffen Sie nur, wenn Sie sich auch weiterhin fettnormalisiert ernähren und regelmäßig bewegen.

6 kg pro Monat mit Rezept*							
	Montag	**Dienstag**	**Mittwoch**	**Donnerstag**	**Freitag**	**Samstag**	**Sonntag**
Frühstück	Möhrenmüsli mit Joghurt (S. 28)	2 Brötchen 5 g Butter 40 g Allgäuer Emmentaler (45 %Fett i.Tr)	Apfel- Frischkorn-Müsli (S. 27)	Vollkornbrot mit Schinken u. Kohlrabi (S. 29 f.)	Buttermilch-Müsli (S. 27)	120 g Vollkornbrot 30 g Teewurst	Fruchtiges Zwieback-Müsli (S. 29)
	2 Fettpunkte	**17 Fettpunkte**	**2 Fettpunkte**	**4 Fettpunkte**	**4 Fettpunkte**	**10 Fettpunkte**	**3 Fettpunkte**
zwischendurch	20-40 g Knäckebrot 5 g Butter 40 g Rindersaftschinken	1 Birne (150 g) 500 ml Trinkjoghurt Mandarine (1,5 % Fett)	120 g Bauernbrot 5 g Butter 1 gek. Ei 100 g Radieschen	1 Birne (150 g) 150 g Fruchtjoghurt (1,5 %)	120 g Vollkornbrot, 200 g Mager-quark mit Kräutern 1 Tomate	1 Birne (150 g) 150 g Fruchtjoghurt (1,5 % Fett)	500 ml Trinkjoghurt Himbeere/ Zitrone (1,5 % Fett)
	9 Fettpunkte	**8 Fettpunkte**	**11 Fettpunkte**	**3 Fettpunkte**	**3 Fettpunkte**	**3 Fettpunkte**	**8 Fettpunkte**
Mittagessen	Gemüsesuppe (S. 49) Hackfleischpfanne mit Nudeln u. Gemüse (S.77)	Kohlrabi-Carpaccio mit Chili u. Kräutern (S. 44), gefüllte Kalbsröllchen (S. 72) 50 g Eiernudeln mit 3 g Butter	Scharfsaure Shiitakesuppe (S. 50 f.) Gefüllte Paprikaschote (S. 93) Apfel-Zwetschgen-Terrine (S. 99)	Truthahn-Gemüse-Topf (S. 81) 120 g Landbrot Dickmilchcreme mit Heidelbeeren (S. 100)	Blattsalate in Tomaten-Vinai--grette (S. 32) Forelle aus dem Pergamentmantel (S. 96) 200 g Dampfkartoffeln mit Schnittlauch und 3 g Butter	Kalte Joghurt-Gurken-Suppe (S. 54) Schweinefiletstreifen auf Tomatengemüse (S. 74) 200 g Dampfkartoffeln	Rinderroulade mit Gemüsefüllung (S. 66) 50 g Eiernudeln mit 3 g Butter Erdbeer-Rhabarber-Kompott (S. 99 f.)
	16 Fettpunkte	**18 Fettpunkte**	**13 Fettpunkte**	**6 Fettpunkte**	**11 Fettpunkte**	**13 Fettpunkte**	**16 Fettpunkte**
zwischendurch	1 Birne (150 g) 500 ml Trinkjoghurt Multifrucht (1,5 % Fett)	1 Stck. Apfeltarte (S. 103)	1 Apfel (150 g) 200 g Dickmilch mit Frucht (1,5 %)	Couscous-Salat (S. 36)	1 Apfel (150 g) 500 ml Trink-joghurt Mandarine (1,5 % Fett)	1 Stck. Apfeltarte (S. 103)	1 Stck. Blätterteig-Joghurt-Torte (S. 105)
	8 Fettpunkte	**4 Fettpunkte**	**3 Fettpunkte**	**5 Fettpunkte**	**8 Fettpunkte**	**4 Fettpunkte**	**9 Fettpunkte**
Abendessen	140 g Vollkornbrot, Feldsalat mit Eierscheiben u. Kirschtomaten (S. 33)	Seehecht in Senf-Estragon-Sauce (S. 61 f.) 200 g Dampfkartoffeln	Basilikum-Möhren-Kalbsgulasch (S. 73) 200 g Dampfkartoffeln	Grünkohlgemüse mit Kartoffeln u. Kasseler (S. 76)	Gulaschsuppe mit Kartoffeln (S. 53)	Gemüsepfanne mit Hähnchen aus dem Wok (S. 83 f.) 50 g Reis mit 3g Butter	Rote-Bete-Rösti mit Räucherlachs u. Sauerrahmdip (S.45)
	10 Fettpunkte	**6 Fettpunkte**	**10 Fettpunkte**	**11 Fettpunkte**	**6 Fettpunkte**	**8 Fettpunkte**	**14 Fettpunkte**
Fettpunkte insgesamt	47	53	39	29	32	38	50

*Seitenzahlen verweisen auf die Rezepte im Buch

Weniger ist mehr –
Weg-mit-dem-Fett-Gerichte

Auf die Zubereitung kommt es an

In deutschen Küchen hat sich in den letzten Jahren vieles verändert: Gesünder, naturbelassen und leichter lautet der gemeinsame Nenner für den neuen Kochtrend. Neben der saisonalen Auswahl der Zutaten kommt es auch auf gutes Kochgeschirr und die richtigen Garmethoden an. Unsere leichte, fettnormalisierte Küche berücksichtigt bei der Zubereitung alle modernen, wissenschaftlichen Erkenntnisse: Beschichtete Bratpfannen, die das Anbraten ohne Fett ermöglichen, und schonende Garverfahren, die Eigengeschmack, Farbe und die wertvollen Nährstoffe der Produkte erhalten.

Dünsten
Dünsten nennt man das Garen im eigenen Saft oder mit wenig Fett- und Flüssigkeitszugabe im geschlossenen Topf. Sie können Gemüse auch ganz ohne Fett dünsten: Nach dem Waschen tropfnaß in einen Topf mit gut schließendem Deckel geben oder in Aluminiumfolie hüllen und im Ofen garen.

Sautieren
Sautieren bedeutet das Garschwenken in wenig heißem Fett in einer Pfanne oder einem Stieltopf: Kleingeschnittene Kurzbratstücke in heißes Fett geben. Die Pfanne während des Garens auf der Kochstelle hin und her schwenken, um ein Anrösten zu vermeiden und eine gleichmäßige Bräune zu erzielen. Sautieren ist eine ideale Garmethode für Fisch, Geflügel und Innereien.

Dämpfen
Dämpfen ist das Garen im Dampf. Dabei werden die Lebensmittel, vorzugsweise Gemüse, Kartoffeln oder Fisch, in einem Siebeinsatz gegart und kommen mit der Flüssigkeit selbst (Wasser, Wein, Saft oder Brühe) gar nicht in Berührung. Voraussetzung dafür ist ein gut schließender Kochtopf, damit der Dampf nicht entweichen kann. Während des Garens darauf achten, daß die Flüssigkeit leicht kocht, damit sich Dampf bilden kann. Dämpfeinsätze oder Siebe können Sie passend zur Topfgröße kaufen. Am besten eignet sich ein Dampfdruck- bzw. Schnellkochtopf mit einem dazugehörigen Siebeinsatz.

Pochieren
Das Garziehen in heißer, nicht kochender Flüssigkeit, besonders geeignet für Fisch, wird als Pochieren bezeichnet. Pochiert wird in leicht gesalzenem, eventuell mit etwas Zitronensaft aromatisiertem Wasser, Weißwein oder Fruchtsaft. Süßspeisen können auch in Milch pochiert werden. Nach dem Aufkochen der Flüs-

sigkeit die Hitze sofort reduzieren, um das Weiterkochen zu vermeiden. Erst dann das Gargut hineinlegen. Die Garzeiten sind sehr unterschiedlich, zwischen 1 min (Schollenfilets) und 6 min (Petersilienklößchen). Bei sehr kurzen Zeiten das Gargut nicht in die heiße Flüssigkeit legen, sondern nur mit einer Schaumkelle hineinhalten.

Blanchieren

Blanchieren bedeutet das kurzzeitige Eintauchen bzw. Garen in sprudelnd kochendem Wasser – ideal für Gemüse, das bißfest sein soll: Es bleibt knackig und behält seine natürliche Farbe. Das Gemüse in das kochende Wasser schütten und je nach Sorte entweder nur noch einmal kurz aufkochen (Spinat), 1-2 min Minuten (Böhnchen, Zuckerschoten) oder 5 min (Spargel) kochen. Anschließend in eiskaltem Wasser – möglichst mit Eiswürfeln – abschrecken. Dadurch stoppen Sie den Garprozeß und erhalten die wertvollen Vitamine und Mineralstoffe.

Garen im Wasserbad

Empfindliche Saucen, die als Zutaten Butter, Eier oder Sahne enthalten, können durch zu starke Hitze leicht anbrennen oder ausflocken (gerinnen). Deshalb hängt man den Topf, in dem sie zubereitet werden, in einen größeren Topf, der mit heißem, nicht kochendem Wasser gefüllt ist. Sie können darin Suppen und Saucen warmhalten, die nicht mehr weiterkochen sollen.

Grillen

Legen Sie das Grillgut am besten auf einen Rost und lassen Sie es ohne Zugabe von Fett (notfalls mit Öl leicht einpinseln) garen.

Braten

Verwenden Sie zum Braten beschichtete Pfannen oder Töpfe mit Sandwichböden, die ein fettfreies Anbraten erlauben. Falls eine Fettzugabe dennoch nötig wird, sollten Sie die Pfanne mit wenig Öl (2 g) ausreiben. Überschüssiges Öl wird von einem Haushaltstuch aufgenommen. Schneiden Sie sichtbares Fett von Fleisch, Geflügel oder Schinken weg. Verzichten Sie auf fette Panaden um Fleisch, Fisch und Gemüse. Panade benötigt häufig viel Fett zum Bräunen und saugt es daher vollständig auf. Auch beim Braten in speziellen Schlauchfolien können Sie enorme Mengen an Fett einsparen, ohne daß Sie auf Knuspriges verzichten müssen.

Frühstücke

Vollkornbrot mit Schinken und Kohlrabi-Frischkost

Zu den Rezepten

Die Mengenangaben gelten für 2 Personen, falls nicht anders angegeben.

Die verwendeten Abkürzungen bedeuten:

EL = Eßlöffel, TL = Teelöffel

Msp. = Messerspitze

TK = tiefgekühlt

% Fett (i. Tr.) = Fettgehalt in % (in der Trockenmasse)

Frühstücke

Eine Tasse Kaffee im Stehen und süßes Gebäck vom Bäcker – ein rasantes Frühstück ist heutzutage häufig die Regel, allerdings die falsche. Sie dürfen beim Frühstück richtig zuschlagen, denn unser Körper ist nach der langen Nacht auf eine ausgiebige Mahlzeit vorbereitet. Müsli, Vollkornbrot, belegt mit magerer Wurst und Schinken, sollten bei Ihnen morgens unbedingt auf dem Speiseplan bzw. Frühstückstisch stehen.

Buttermilch-Müsli

2 Äpfel

120 g Erdbeeren (oder anderes Beerenobst)

80 g kernige Haferflocken

1 EL brauner Zucker

Saft von ½ Zitrone

200 ml Buttermilch

1. Äpfel waschen, das Kernhaus entfernen und grob raspeln. Die Erdbeeren putzen und in kleine Stücke schneiden.
2. Erdbeeren mit den Äpfeln und den kernigen Haferflocken, dem braunen Zucker und dem Zitronensaft vermengen und etwas ziehen lassen. Zum Schluß die Buttermilch darübergießen.

Pro Portion: 4 Fettpunkte • 53 g Kohlenhydrate • 4 BE

Apfel-Frischkorn-Müsli

80 g Weizenschrot

1 Tasse natürliches Mineralwasser

2 Äpfel

150 g Joghurt (1,5 % Fett)

1 EL Lindenblütenhonig

1 TL brauner Zucker

1. Weizenschrot am Vorabend mit dem Mineralwasser vermengen und zugedeckt im Kühlschrank über Nacht einweichen lassen.
2. Am Morgen die Äpfel waschen, grob raspeln und mit dem Weizenschrot und dem Joghurt vermischen. Mit Lindenblütenhonig und braunem Zucker süßen.

Pro Portion: 2 Fettpunkte • 50 g Kohlenhydrate • 4 BE

Möhren-Müsli mit Joghurt

1 EL ungeschwefelte Rosinen
60 g Vierkornflocken
20 g Haferflocken
250 ml Orangensaft
1 Apfel
2 Möhren
100 g Joghurt (1,5 % Fett)
1 EL Honig
1 TL Zucker

1. Rosinen mit warmem Wasser waschen und in einem Sieb abtropfen lassen. Vierkornflocken und Haferflocken vermengen, Rosinen dazugeben, mit dem Orangensaft übergießen und einige Zeit ziehen lassen.
2. Den Apfel waschen und das Kernhaus entfernen, Möhren waschen, schälen und zusammen mit dem Apfel grob auf die vorbereiteten Zutaten raspeln. Mit dem Joghurt verfeinern und mit Honig und Zucker abschmecken.

Pro Portion: 2 Fettpunkte • 60 g Kohlenhydrate • 5 BE

Dickmilch-Birnen-Müsli

2 getrocknete Feigen (30 g)
80 g Vierkornflocken
200 g Dickmilch
2 Birnen
1 EL Lindenblütenhonig
1 TL Zucker

1. Getrocknete Feigen mit warmem Wasser waschen, in einem Sieb abtropfen lassen, putzen und in kleine Würfel schneiden. Vierkornflocken mit der Dickmilch vermengen und etwa 10 Minuten ziehen lassen.
2. Die Birnen waschen, schälen, vierteln, das Kernhaus entfernen und ebenfalls in kleine Würfel schneiden.
3. Die Feigen und die Birnen unter das Dickmilchmüsli mengen und mit Lindenblütenhonig und etwas Zucker abschmecken.

Pro Portion: 1 Fettpunkt • 70 g Kohlenhydrate • 6 BE

Fruchtiges Zwieback-Müsli

4 Scheiben Zwieback (60 g)
250 ml Milch (1,5 % Fett)
2 EL Joghurt (1,5 % Fett)
1 Apfel,
1 Pfirsich,
1 Banane
etwas Apfelsaft
1 EL Kleehonig
1 TL Zucker

1. Den Zwieback zerbröseln, mit der Milch und dem Joghurt vermengen und etwa 5 Minuten durchziehen lassen, bis der Zwieback weich ist.

2. Den Apfel und den Pfirsich waschen, vierteln, entkernen und das Fruchtfleisch in kleine Würfel schneiden. Die Banane schälen und ebenfalls feinwürfeln.
3. Das vorbereitete Obst unter das Zwieback-Müsli geben, mit Apfelsaft verfeinern und mit Kleehonig und Zucker süßen.

Pro Portion: 3 Fettpunkte • 60 g Kohlenhydrate • 5 BE

Vollkornbrot mit Schinken und Kohlrabi-Frischkost

4 Scheiben Vollkornbrot à 40 g
4 Scheiben magerer gekochter Schinken
1 EL saure Sahne (10 % Fett)
etwas Zitronensaft
1 Möhre
1 kleine Kohlrabiknolle
wenig Jodsalz, Pfeffer
1 Msp. gemahlene Muskatnuß
1 EL frische Kresse zum Garnieren

1. Die Vollkornbrote mit je einer Scheibe Schinken belegen. Saure Sahne mit etwas Zitronensaft verrühren. Möhren und die Kohlrabiknolle putzen, schälen und mit einer groben Küchenreibe in die Sauce raspeln.

2. Gut durchmischen und mit Salz, Pfeffer und Muskatnuß pikant abschmecken. Auf den Schinkenbroten verteilen, frische Kresse darüberstreuen und servieren.

Pro Portion: 4 Fettpunkte • 37 g Kohlenhydrate • 3 BE

Vollkorntoast mit Frischkäseaufstrich

1 kleines Bund frische Kräuter (Dill, Petersilie, Schnittlauch, Basilikum)
100 g körniger Frischkäse (Magerstufe)
100 g Magerquark
2 EL Milch
1 kleine rote Zwiebel
Jodsalz, Pfeffer aus der Mühle

4 Scheiben Vollkorntoastbrot à 30 g
4 Radieschen

1. Die Kräuter unter kaltem Wasser abbrausen, trockenschütteln und fein hacken. Frischkäse mit dem Magerquark und der Milch glattrühren.
2. Die Zwiebel abziehen und in kleine Würfel schneiden. Die Kräuter und die Zwiebelwürfel unter die Frischkäsemasse rühren und mit Salz und Pfeffer abschmecken.
3. Vollkorntoastbrot rösten und mit dem Käseaufstrich bestreichen. Radieschen putzen, waschen und mit einer groben Küchenreibe darüber raspeln.

Pro Portion: 3 Fettpunkte • 37 g Kohlenhydrate • 3 BE

Fettspar-Tip

Entwarnung für Käsefans: 40, 60 oder gar 70 % Fett sind auf den Etiketten angegeben, je cremiger der Käse, desto mehr. Aber: „Fett i. Tr." steht für „Fett in der Trockenmasse", also in einem Käse ohne Wasseranteil. Wenn Sie die angegebenen % Fett i. Tr. halbieren, erhalten Sie den „natürlichen" Fettgehalt des Käses. Ein Käse mit 40 % Fett i. Tr. enthält also nur 20 g Fett pro 100 g. Sie können viele Fettpunkte sparen, wenn Sie auf fettreduzierte Käsezubereitungen (bis auf 9 % Fett i. Tr.) zurückgreifen.

Vorspeisen, Salate, Zwischenmahlzeiten

Quark-Gemüse-Terrine

Vorspeisen, Salate, Zwischenmahlzeiten

Man kann dem Heißhunger einen Riegel vorschieben, indem man vor der Hauptmahlzeit eine leichte Vorspeise zu sich nimmt. Die folgenden Rezeptvorschläge sind auf eine fettnormalisierte Ernährung zugeschnitten und lassen sich vielfältig mit den verschiedensten Hauptgerichten kombinieren. Aber vielleicht entdecken Sie bei der Gelegenheit auch das ein oder andere Rezept, das sich mit einer Scheibe Vollkornbrot in eine sättigende Hauptmahlzeit oder ein gesundes Abendessen verwandeln läßt.

Blattsalate in Tomaten-Vinaigrette mit gebratenen Egerlingen

2 Tomaten
1 Schalotte
2 EL Balsamessig
1 EL Apfelsaft
Jodsalz, Pfeffer aus der Mühle
1 EL Olivenöl
100 g Egerlinge
1 TL Zitronensaft
200 g gemischte Blattsalate (z. B. Kopfsalat, Eissalat, Lollo rosso, Eichenlaubsalat)

1 kleines Bund frische Kräuter (z. B. Schnittlauch, Petersilie, Basilikum, Dill)
wenig Rapsöl zum Ausreiben der Pfanne

1. Die Tomaten oben kreuzweise einritzen, mit heißem Wasser überbrühen und abziehen. Halbieren, Stielansatz und Kerne entfernen und das Fruchtfleisch klein würfeln.
   Die Schalotte abziehen und fein würfeln.
2. Balsamessig mit dem Apfelsaft, Salz und Pfeffer verrühren und das Olivenöl unterschlagen. Die Tomatenwürfel vorsichtig unterheben und pikant abschmecken.
3. Egerlinge mit einem feuchten Tuch oder Küchenkrepp abreiben, in Scheiben schneiden und mit Zitronensaft beträufeln. Die Salate putzen, waschen, trockenschleudern und in mundgerechte Stücke zupfen.
4. Die Kräuter abbrausen, trockenschütteln, einige Blätter beiseite legen, den Rest fein hacken und unter die Tomaten-Vinaigrette rühren. Eine beschichtete Pfanne mit Rapsöl ausreiben und die Egerlinge darin rasch von beiden Seiten anbraten.
5. Die Blattsalate dekorativ auf Tellern anrichten. Die Egerlinge darüber verteilen und mit der Tomaten-Vinaigrette überträufeln. Die restlichen Kräuter dekorativ darüberstreuen.

Pro Portion: 6 Fettpunkte • 8 g Kohlenhydrate • 1 BE

Wildreispuffer mit Apfel-Meerrettich-Dip

90 g Wildreismischung
1 Ei
Jodsalz, Pfeffer aus der Mühle
wenig Rapsöl zum Ausreiben der Pfanne
1 kleiner Apfel
1 EL Zitronensaft
1 kleines Bund Dill
1 TL geriebener Meerrettich
1 Prise Zucker
100 g Dickmilch (1,5 % Fett)

1. Die Reismischung in einem Sieb unter kaltem Wasser abbrausen. Anschließend nach Packungsanleitung in Salzwasser bißfest garen. Abschütten, abschrecken und gut abtropfen lassen.

2. Die Reismischung in einer Schüssel mit dem Ei verrühren. Die Masse mit Salz und Pfeffer kräftig würzen. Eine beschichtete Pfanne mit Rapsöl ausreiben und erhitzen. Mit einem Eßlöffel 4 Puffer formen und beidseitig knusprig braten.

3. Den Apfel schälen, entkernen, Fruchtfleisch würfeln und mit dem Zitronensaft beträufeln. Den Dill abbrausen, einige Zweige zum Garnieren beiseite legen und den Rest fein hacken.

4. Die Dickmilch mit dem Meerrettich glattrühren und mit Salz, einer Prise Zucker und Pfeffer abschmecken. Zum Schluß die Apfelwürfel und den gehackten Dill unterrühren, mit den Reispuffern anrichten und mit den Dillzweigen garnieren.

Pro Portion: 9 Fettpunkte • 40 g Kohlenhydrate • 3 BE

Feldsalat mit Eierscheiben und Kirschtomaten im Apfeldressing

2 Eier
80 g Feldsalat
160 g Kirschtomaten

1 EL Apfelessig, 2 EL Apfelsaft
Jodsalz, Pfeffer aus der Mühle
1 EL Sonnenblumenöl
1 kleines Bund Schnittlauch

1. Die Eier in 6-8 Minuten hart kochen, unter kaltem Wasser abschrecken, pellen und in Scheiben schneiden.
2. Den Feldsalat verlesen, gründlich waschen und trockenschleudern. Die Kirschtomaten waschen, Stielansätze entfernen und halbieren.
3. Den Apfelessig mit dem Apfelsaft, Salz und Pfeffer verrühren und das Sonnenblumenöl kräftig unterschlagen. Den Schnittlauch waschen, trockenschütteln, in Röllchen schneiden und untermischen.
4. Den Feldsalat auf Teller anrichten. Die Tomatenhälften und Eierscheiben dekorativ dazwischen legen und mit dem Dressing beträufeln.

Pro Portion: 10 Fettpunkte • 4 g Kohlenhydrate • 0 BE

Kartoffel-Spargel-Salat mit Rauke

400 g Kartoffeln
Jodsalz, Pfeffer aus der Mühle
½ TL Kümmel
250 g grüner Spargel

1 kleine Zwiebel
2 EL Weißweinessig
1 TL Hausmachersenf
1 kleines Bund Schnittlauch
40 g Raukesalat (Rucola)
1 EL Rapsöl

1. Die Kartoffeln gründlich waschen und in Salzwasser mit wenig Kümmel gar kochen. Abschütten, etwas ausdampfen lassen, pellen und in Scheiben schneiden.
2. Den grünen Spargel waschen, die unteren Enden abschneiden, am unteren Drittel schälen und schräg in etwa 1 cm dicke Scheiben schneiden. In Salzwasser etwa 10 Minuten bißfest garen, abgießen und auskühlen lassen.
3. Die Zwiebel abziehen und fein würfeln. Aus etwa ⅛ l vom Spargelsud, Essig, Salz, Pfeffer und Senf ein Dressing rühren und würzig abschmecken.
4. Den Schnittlauch waschen, trockenschütteln und in feine Röllchen schneiden. Die Kartoffelscheiben mit dem Spargel, dem Schnittlauch und dem Dressing vorsichtig mischen und das Ganze etwa 30 Minuten durchziehen lassen.
5. Den Raukesalat putzen, waschen, trockenschleudern und in mundgerechte Stücke zupfen, locker unter den Kartoffelsalat heben. Zum Schluß das Rapsöl untermengen und kräftig abschmecken.

Pro Portion: 5 Fettpunkte • 38 g Kohlenhydrate • 3 BE

Steckrüben-Carpaccio mit Rindersaftschinken

1 Steckrübe (300 g)
1 kleine rote Zwiebel
2 EL Balsamessig
1 TL Ahornsirup
Jodsalz, Pfeffer aus der Mühle
1 Zweig frischer Salbei
1 EL Distelöl
4 Scheiben Rindersaftschinken
1 EL frische Kresse

1. Die Steckrübe waschen, großzügig schälen, eventuell halbieren und gleichmäßig in hauchdünne Scheiben schneiden oder hobeln. Die Scheibchen flach auf die Teller verteilen.
2. Für die Vinaigrette die Zwiebel abziehen, fein würfeln und mit Balsamessig, 1 EL Wasser, dem Sirup, Salz und Pfeffer verrühren. Salbeiblättchen abbrausen, trockenschütteln, in feine Streifen schneiden und unterrühren.
3. Das Distelöl mit einer Gabel unterschlagen, kräftig abschmecken und die Vinaigrette über das Steckrüben-Carpaccio verteilen. Mit Frischhaltefolie abdecken und etwa 1 Stunde ziehen lassen.
4. Die Frischhaltefolie entfernen. Den Rindersaftschinken in Streifen schneiden und dekorativ darüber verteilen.

Mit frischer Kresse bestreuen, Pfeffer darüber mahlen und servieren.

Pro Portion: 6 Fettpunkte • 12 g Kohlenhydrate • 1 BE

Lauwarmer Gemüsesalat mit Nudeln

1 rote Paprikaschote
2 Möhren
80 g Broccoli
Jodsalz, Pfeffer aus der Mühle
90 g Eiernudeln (Muscheln oder Hörnchen)
2 Tomaten
1 kleines Bund Kräuter (Schnittlauch, Petersilie, Basilikum, Thymian)
2 EL Weinessig
1 EL Limettensaft (oder Zitronensaft)
1 EL Weizenkeimöl
20 g Allgäuer Emmentaler (45 % Fett)

1. Die Paprikaschote waschen, halbieren, Stielansatz und Kerne entfernen und die Paprikahälften in feine Streifen schneiden. Die Möhren schälen und in dünne Scheiben schneiden. Broccoli putzen, in kleine Röschen teilen, den Strunk schälen und in kleine Würfel schneiden.

2. Das Gemüse in Salzwasser bißfest dünsten. Die Eiernudeln nach Packungsanweisung in reichlich Salzwasser bißfest kochen, abschütten und beiseite stellen. Tomaten kurz brühen, enthäuten, vierteilen, die Kerne entfernen und das Fruchtfleisch fein würfeln.

3. Die Kräuter abbrausen und fein hacken. Aus Weinessig, Salz und Pfeffer, Limettensaft, den Kräutern und 1 EL Wasser ein Dressing rühren und zum Schluß das Weizenkeimöl unterschlagen.

4. Die Nudeln mit dem Gemüse vermengen und mit dem Dressing anmachen, würzig abschmecken. Auf Tellern dekorativ anrichten, den Emmentaler darüber reiben und servieren.

Pro Portion: 8 Fettpunkte • 46 g Kohlenhydrate • 4 BE

Couscous-Salat

1. Die Gemüsebrühe erhitzen, 2 EL für das Dressing abnehmen. Die Schalotte abziehen und fein hacken, mit dem Couscous mischen, heiße Brühe darübergießen und zugedeckt etwa 20 Minuten ziehen lassen.

2. Möhre schälen, in feine Scheiben schneiden. Zucchini putzen und waschen, ebenfalls in feine Scheiben schneiden.

3. Zitrone auspressen, Saft mit Essig, Gemüsebrühe, Salz, Pfeffer und Kreuzkümmel verrühren. Das Rapsöl mit einer Gabel unterschlagen. Pfefferminze abbrausen, trockenschütteln, fein hacken und unterrühren.

4. Couscous mit dem Dressing vermischen, Gemüse unterheben und zugedeckt 10 Minuten ziehen lassen. Vor dem Servieren nochmals mit Salz und Pfeffer abschmecken.

Pro Portion: 5 Fettpunkte • 50 g Kohlenhydrate • 4 BE

150 ml fettfreie Gemüsebrühe
1 Schalotte
120 g Couscous
1 Möhre, 1 kleine Zucchini
1 Zitrone
2 EL Weißweinessig
Jodsalz, Pfeffer aus der Mühle
1 Prise Kreuzkümmel (Kurkuma)
1 EL Rapsöl
frische Pfefferminze

Weißgrüner Spargelsalat in Tomatenvinaigrette

250 g weißer Spargel
250 g grüner Spargel
Saft von ½ Zitrone
1 Prise Zucker
1 Tomate
4 cl Weißwein
1 TL Weizenkeimöl
1 EL Obstessig
1 EL Balsamessig
1 EL gehackte Kräuter (Schnittlauch, Petersilie, Dill)
Jodsalz, Pfeffer aus der Mühle

1. Weißen Spargel waschen, schälen und schräg in 1 cm dicke Scheiben schneiden. Grünen Spargel waschen, die unteren Enden abschneiden, am unteren Drittel schälen und ebenfalls schräg in 1 cm dicke Scheiben schneiden.
2. Aus Wasser, Zitronensaft, Salz und wenig Zucker einen Sud herstellen und zuerst den weißen Spargel in den kochenden Sud geben, nach etwa 4 Minuten den grünen Spargel dazu und etwa 8 Minuten bißfest garen. Die Spargelstücke aus dem Sud nehmen und auskühlen lassen.
3. Tomate kurz brühen, enthäuten, vierteilen, die Kerne entfernen und das Fruchtfleisch fein würfeln. Aus Weißwein, Weizenkeimöl, Obstessig, Balsam-

essig, den gehackten Kräutern, den Tomatenwürfeln, Salz und Pfeffer eine Vinaigrette herstellen. Kräftig abschmecken, den Spargel darin etwa 30 Minuten ziehen lassen.

Pro Portion: 5 Fettpunkte • 6 g Kohlenhydrate • 0 BE

Glasnudelsalat mit Rindfleisch und Pilzen

100 g Glasnudeln
Jodsalz, Pfeffer aus der Mühle
4 Shiitakepilze
60 g frischer Blattspinat
120 g Rinderfilet
1 Zwiebel
100 g Möhren, 100 g Lauch
1 Knoblauchzehe
etwas frischer Ingwer
2 EL Sojasauce
1 TL Rapsöl
1 Prise Zucker

1. Die Glasnudeln in reichlich kochendem Salzwasser etwa 30 Minuten ziehen lassen. Inzwischen die Pilze putzen, halbieren und in kochendem Salzwasser einige Minuten garen. Abschütten und mit kaltem Wasser abschrecken.

2. Spinatblätter verlesen, waschen, in kochendem Salzwasser kurz blanchieren, abgießen, mit kaltem Wasser abschrecken und gut ausdrücken.

3. Das Fleisch zunächst quer in feine Scheiben und diese dann in dünne Streifen schneiden. Zwiebel abziehen und fein würfeln. Möhren schälen, den Lauch putzen, waschen und beides in dünne Stifte schneiden.

4. Den Knoblauch und den Ingwer schälen und fein hacken. Die Glasnudeln abgießen, mit kaltem Wasser abschrecken und danach mit einer Schere oder einem Messer in 10 cm lange Stücke schneiden.

5. Eine beschichtete Pfanne erhitzen und das Fleisch darin ohne Fettzugabe von allen Seiten anbraten. Dann Pilze, Zwiebel und Gemüse dazugeben. Mit Salz und Pfeffer würzen, etwa 5 Minuten in der Pfanne dünsten und abkühlen lassen.

6. Die Glasnudeln, den Spinat, den Knoblauch und den Ingwer unter das Gemüse und das Fleisch heben und den Salat mit Sojasauce, Rapsöl, Zucker und Pfeffer pikant abschmecken. Den Salat für etwa 2 Stunden kühlstellen, danach nochmals durchmischen und anrichten.

Pro Portion: 7 Fettpunkte • 24 g Kohlenhydrate • 2 BE

Kartoffel-Linsen-Salat mit Kürbis

200 g Kartoffeln
Jodsalz, Pfeffer aus der Mühle
100 g Lauch
1 Möhre
150 g Kürbis
100 g Sellerie
wenig Rapsöl zum Ausreiben der Pfanne
120 g getrocknete rote Linsen
300 ml fettfreie Gemüsebrühe
2 EL Weißweinessig
1 EL Sonnenblumenöl
1 TL geriebener Meerrettich (frisch oder Glas)
1 kleines Bund Schnittlauch
80 g Salatblätter (Kopfsalat, Eichenlaub, Radiccio)

1. Die Kartoffeln gründlich waschen und mit der Schale in Salzwasser etwa 20 Minuten bißfest kochen. Abschütten, etwas ausdampfen lassen, pellen und in Scheiben schneiden.

2. Lauch, Möhre, Kürbis und Sellerie putzen, schälen und in feine Würfel oder Scheiben schneiden. Eine beschichtete Pfanne mit Rapsöl ausreiben, erhitzen und das Gemüse darin kurz unter Rühren andünsten. Die Linsen dazugeben, mit etwa $\frac{1}{4}$ l der Gemüsebrühe angießen und zugedeckt etwa 5-10 Minuten garen, bis die Linsen bißfest sind. Mit Salz und Pfeffer abschmecken.

3. Aus dem Essig, der restlichen Gemüsebrühe und dem Öl eine Marinade rühren und mit Salz, Pfeffer und wenig geriebenem Meerrettich kräftig abschmecken. Schnittlauch waschen, trockenschütteln, in Röllchen schneiden und die Hälfte davon unter die Marinade rühren.

4. Die Kartoffelscheiben mit dem Linsengemüse vermengen und mit der Marinade anmachen. Zugedeckt etwa 1 Stunde ziehen und dabei auskühlen lassen. Vorsichtig durchrühren und nochmals abschmecken.

5. Die Salatblätter putzen, waschen, trockenschleudern und auf den beiden Tellern flach auslegen. Den Kartoffel-Linsen-Salat darauf anrichten und mit den übrigen Schnittlauchröllchen bestreuen.

Pro Portion: 6 Fettpunkte • 46 g Kohlenhydrate • 4 BE

Nudel-Lauch-Salat mit Schinken

120 g Hörnchennudeln
200 g Lauch
1 rote Paprikaschote
wenig Gemüsebrühe
1 EL Weizenkeimöl
1 TL Zitronensaft
1 EL Apfelessig
Jodsalz, Pfeffer aus der Mühle
1 TL scharfer Senf
80 g gekochter, magerer Schinken
frische Kräuter (Dill, Schnittlauch, Petersilie)

1. Die Nudeln nach Packungsanweisung in Salzwasser bißfest garen, in ein Sieb abschütten und mit kaltem Wasser abschrecken. Den Lauch putzen, in Scheiben schneiden, in Ringe teilen und in einer beschichteten Pfanne mit wenig Gemüsebrühe sautieren.

2. Die Paprikaschote putzen, waschen, entkernen und fein würfeln. Aus Weizenkeimöl, Zitronensaft, Apfelessig, Salz, Pfeffer und dem scharfen Senf ein Dressing herstellen. Den Schinken ebenfalls in kleine Würfel schneiden.

3. Nudeln, Lauchringe, Paprikaschoten und Schinken miteinander vermengen und mit dem Dressing anmachen. Den Nudelsalat etwa 30 Minuten ziehenlassen. Inzwischen die Kräuter waschen, trockenschleudern und fein hacken. Den Nudelsalat mit den Kräutern würzen und mit Salz und Pfeffer abschmecken.

Pro Portion: 10 Fettpunkte • 48 g Kohlenhydrate • 4 BE

Salat vom jungen Blattspinat mit gebratenen Austernpilzen

150 g junger Blattspinat
150 g Austernpilze
wenig Rapsöl zum Ausreiben der Pfanne
Jodsalz, Pfeffer aus der Mühle
2 EL Balsamessig
1 EL Apfelsaft
1 Prise Paprikapulver
1 EL Sonnenblumenöl

1. Den Blattspinat verlesen, gründlich waschen, gut abtropfen lassen und in mundgerechte Stücke schneiden, dabei die Stiele großzügig entfernen.

Die Austernpilze putzen, mit feuchtem Küchenkrepp reinigen und in Stücke teilen.

2. Eine beschichtete Pfanne mit Rapsöl ausreiben und die Pilze darin von beiden Seiten kurz anbraten. Mit Salz und Pfeffer würzen.

3. Aus Balsamessig, Apfelsaft, Salz, Pfeffer, einer Prise Paprikapulver und dem Sonnenblumenöl ein Dressing rühren und pikant abschmecken.

4. Den Blattspinat auf Tellern anrichten, die gebratenen Austernpilze dekorativ dazwischen setzen und das Dressing darüber träufeln.

Pro Portion: 6 Fettpunkte • 2 g Kohlenhydrate • 0 BE

Gesundheits-Tip

Zuchtpilze wie Champignons, Egerlinge und Austernpilze sind reich an Vitamin B1, B2, Pantothensäure, Biotin, Kalium sowie Kupfer und sorgen damit für Ausgeglichenheit und ruhige Nerven. Neben den Champignons haben sich auch die Austernpilze am Markt durchgesetzt. Sie enthalten die Vitamine B2, Niacin und Vitamin D, die Mineralstoffe Kalium und Calcium sowie die Spurenelemente Phosphor, Magnesium und Eisen, außerdem 8 essentielle Aminosäuren, die der Körper nicht selbst bilden kann. Ihr Eiweiß ist besonders leicht verdaulich.

Gefüllte Kartoffeln mit Kräuter-Joghurt-Sauce

2 große Kartoffeln
Jodsalz, Pfeffer aus der Mühle
½ TL Kümmel
1 Knoblauchzehe
60 g Schalotten
100 g Austernpilze
wenig Rapsöl zum Ausreiben der Pfanne
½ TL Butter
1 EL geriebener Parmesankäse
1 kleines Bund Kräuter (Petersilie, Schnittlauch, Dill, Kerbel, Basilikum)
150 g Magerjoghurt
2 EL Sauerrahm (10 % Fett)

1. Die Kartoffeln gründlich waschen und mit der Schale in Salzwasser mit wenig Kümmel bißfest garen. Abgießen und etwas abkühlen lassen. Kartoffeln der Länge nach halbieren und aushöhlen, so daß ein etwa 1 cm dicker Rand bleibt.
2. Knoblauch und Schalotten abziehen und fein würfeln. Austernpilze putzen und ebenfalls klein würfeln. Eine beschichtete Pfanne mit Rapsöl ausreiben, erhitzen und Knoblauch, Schalotten und die Austernpilze darin anbraten. In einer Schüssel mit Salz und Pfeffer würzen.
3. Das Kartoffelfleisch durch eine Kartoffelpresse in die Schüssel drücken. Die Masse vermengen und in die Kartoffelhälften füllen. Eine Auflaufform ausbuttern und die Kartoffeln hineinsetzen. Mit geriebenem Parmesankäse bestreuen und im vorgeheizten Backofen bei 200°C etwa 12-15 Minuten gratinieren.
4. Für die Joghurtsauce die Kräuter waschen, trockenschütteln und fein hacken. Den Joghurt mit Sauerrahm und den Kräutern verrühren und mit Salz und Pfeffer abschmecken. Die Joghurtsauce zu den Kartoffeln reichen.

Pro Portion: 5 Fettpunkte • 24 g Kohlenhydrate • 2 BE

Gebratenes Carpaccio mit Rauke und Kirschtomaten

180 g Rinderfilet

60 g Raukesalat (Rucola)

80 g Kirschtomaten

2 EL Balsamessig

etwas scharfer Senf

Jodsalz, Pfeffer aus der Mühle

½ TL Rosa Beeren

1 EL Rapsöl

wenig Rapsöl zum Ausreiben der Pfanne

10 g Parmesan oder deutschen Gouda

1. Das Rinderfilet unter kaltem Wasser abbrausen, mit Küchenkrepp trockentupfen, in Frischhaltefolie wickeln und im Gefrierfach leicht anfrosten lassen.
2. Inzwischen den Raukesalat verlesen, waschen und trockenschütteln. Die Kirschtomaten waschen, Stielansätze entfernen und vierteln.
3. Für das Dressing Balsamessig, 1 EL Mineralwasser, Senf, Salz, Pfeffer und einige Rosa Beeren sowie das Rapsöl mit einem Schneebesen verrühren und kräftig abschmecken.
4. Das Filet aus dem Gefrierfach nehmen, auswickeln und in dünne Scheiben schneiden. Eine beschichtete Pfanne mit Rapsöl ausreiben, erhitzen und die Filetscheiben darin rasch von beiden Seiten anbraten.
5. Den Raukesalat dekorativ mit den Tomatenvierteln in der Mitte der beiden Teller anrichten. Die angebratenen Filetscheiben um den Salat anrichten und mit dem Dressing beträufeln. Zum Schluß etwas Käse darüber hobeln.

Pro Portion: 11 Fettpunkte • 2 g Kohlenhydrate • 0 BE

Profi-Tip

Rosa Beeren (*Schinus terebinthifolius*) werden auf Réunion und Madagaskar angebaut. Die Beeren eines immergrünen Baumes aus der Familie der Pistaziengewächse schmecken pikant und erinnern leicht an Wacholder. Deshalb passen sie ideal zu Wild-, Fisch- und Fleischgerichten. Hierzulande sind sie in den Gewürzabteilungen erhältlich.

Quark-Gemüse-Terrine

1 Möhre
1 Kohlrabi
100 g Blumenkohlröschen
100 g grüner Spargel
100 g Staudensellerie (Bleichsellerie)

Jodsalz, Pfeffer aus der Mühle
1 Bund Basilikum
20 g Pinienkerne
20 g geriebener Allgäuer Emmentaler
200 g Magerquark
4 Blatt weiße Gelatine
frische Kresse und Kirschtomaten zum Garnieren

1. Gemüse je nach Art putzen, waschen, schälen und in Würfel schneiden. In kochendem Salzwasser bißfest garen. In ein Sieb abschütten und mit kaltem Wasser abschrecken.
2. Basilikumblättchen abzupfen und mit den Pinienkernen, dem Käse und dem Quark in einer Schüssel leicht salzen, pfeffern und zu einer feinen Paste pürieren.
3. Die Gelatine in kaltem Wasser einweichen, ausdrücken und in einem kleinen Topf erwärmen. Die gelöste Gelatine unter die Basilikumpaste rühren.
4. Die Gemüsewürfel locker untermengen. Eine Terrinenform mit Klarsichtfolie auslegen. Die vorbereitete Masse einfüllen und glatt streichen. Die Folie darüber schlagen und die Terrine 3-4 Stunden im Kühlschrank stocken lassen.
5. Die Folie öffnen, Form vorsichtig stürzen und die Folie vollständig abziehen. Die Terrine in Scheiben schneiden und anrichten. Mit frischer Kresse und halbierten Kirschtomaten dekorieren.

Pro Portion: 9 Fettpunkte • 12 g Kohlenhydrate • 1 BE

Mariniertes Grillgemüse

1 Zucchini
1 Aubergine
1 Fleischtomate
1 gelbe Paprikaschote
100 g Austernpilze
1 TL Olivenöl
Jodsalz, Pfeffer aus der Mühle
2 EL Balsamessig
1 Knoblauchzehe
½ rote Chilischote (kleingehackt)
1 kleine Zwiebel
20 g Radieschensprossen

1. Zucchini, Aubergine und Tomate in 1 cm dicke Scheiben schneiden. Paprikaschote entkernen und in mundgerechte Stücke schneiden. Austernpilze teilen.
2. In einer beschichteten Pfanne wenig Olivenöl erhitzen und das Gemüse darin von allen Seiten anbraten. Zum Schluß salzen und pfeffern.
3. Aus Balsamessig, 1 EL Wasser, Salz, Pfeffer, kleingehacktem Knoblauch und wenig Chilischote eine Marinade rühren.
4. Das Gemüse auf Küchenkrepp legen und das Öl abtupfen. Anschließend in eine Schüssel schichten und mit der Marinade bedeckt, einige Stunden marinieren.
5. Zwiebel abziehen, fein würfeln und mit den Radieschensprossen über das Gemüse streuen. Mit wenig Olivenöl beträufelt anrichten.

Pro Portion: 6 Fettpunkte • 20 g Kohlenhydrate • 2 BE

Kohlrabi-Carpaccio mit Chili und Kräutern

10 g geschälte Kürbiskerne
1 Bund Wildkräuter (Bärlauch, Brunnenkresse, Sauerampfer)
1 Knoblauchzehe
1 kleine Chilischote
1 Kohlrabiknolle (200-250 g)
einige Kopfsalatblätter
1 TL Olivenöl
2 EL Balsamessig
Jodsalz, Pfeffer aus der Mühle
etwas Honig

1. Die Kürbiskerne in einer beschichteten Pfanne ohne Fettzugabe rösten, herausnehmen und beiseite stellen. Kräuter abbrausen und trockenschütteln.
2. Knoblauch abziehen und mit den Kräutern und der Hälfte der Kürbiskerne fein hacken oder pürieren.
3. Die Chilischote halbieren, entkernen und in Scheiben schneiden. Den Kohlrabi schälen und in hauch-

dünne Scheiben schneiden oder hobeln.

4. Die Kohlrabischeiben mit den Salatblättern auf Tellern anrichten. Chilischoten, die übrigen Kürbiskerne und die Knoblauchmischung darüber verteilen.

5. Olivenöl, Balsamessig, Salz, Pfeffer und den Honig verquirlen. Das Dressing süßsauer abschmecken und zum Schluß über das Kohlrabi-Carpaccio träufeln.

Pro Portion: 5 Fettpunkte • 7 g Kohlenhydrate • 0,5 BE

Rote-Bete-Rösti mit Räucherlachs und Sauerrahmdip

80 g saure Sahne

Jodsalz, Pfeffer aus der Mühle

1 kleiner Apfel

1 TL geriebener Meerrettich (frisch oder Glas)

1 Prise Zucker

100 g Rote Bete

200 g Kartoffeln

1 kleine Zwiebel

1 Prise Kreuzkümmel (Kurkuma)

1 Ei

wenig Rapsöl zum Ausreiben der Pfanne

120 g geräucherter Lachs in Scheiben

2 Dillzweige zum Garnieren

1. Für den Dip die saure Sahne mit Salz und Pfeffer glattrühren. Den Apfel schälen, vierteln, entkernen, fein raspeln und mit dem Meerrettich unter die saure Sahne rühren. Mit Salz, Pfeffer und einer Prise Zucker abschmecken.

2. Rote Bete und Kartoffeln schälen und grob raspeln. Die Zwiebel abziehen, fein würfeln und untermengen. Mit Salz, Pfeffer und Kreuzkümmel würzen und zum Schluß das Ei unterrühren.

3. Eine beschichtete Pfanne mit Rapsöl ausreiben und erhitzen. Aus der Masse 8 kleine Rösti formen und von beiden Seiten knusprig braten. Die Lachsscheiben auf Tellern anrichten, die Rösti dazu anrichten und mit dem Sauerrahmdip umgießen. Mit den Dillzweigen garnieren.

Pro Portion: 14 Fettpunkte • 28 g Kohlenhydrate • 2 BE

Tomaten-Crostini mit Auberginen

2 Tomaten, 1 Aubergine

1 Knoblauchzehe

1 kleines Bund Basilikum

Jodsalz, Pfeffer aus der Mühle

½ Chilischote

1 kleines Baguette (150 g)

2 EL geriebener Edamer (30 % Fett)

1. Die Tomaten mit kochendem Wasser überbrühen, enthäuten, die Kerne entfernen und das Fruchtfleisch in Würfel schneiden. Aubergine schälen und ebenfalls fein würfeln.
2. Das Gemüse in einer beschichteten Pfanne ohne Fettzugabe anbraten. Ab und zu wenden. Knoblauch zerdrücken, Basilikum fein schneiden, beides dazugeben und das Ganze mit Salz, Pfeffer und wenig Chili pikant würzen.
3. Das Baguette in schräge Scheiben schneiden und toasten oder im Backofen rösten. Die Brotscheiben mit der Gemüsemasse bestreichen, mit geriebenem Käse bestreuen und im vorgeheizten Backofen bei 200 °C etwa 5 Minuten gratinieren.

Pro Portion: 2 Fettpunkte • 44 g Kohlenhydrate • 4 BE

Scharfer Thai-Salat mit Fischhäppchen

200 g Seelachsfilet
1 TL Zitronensaft
Jodsalz, Pfeffer aus der Mühle
250 g weißer Rettich
250 g Chinakohl
1 Knoblauchzehe
40 g Schalotten
1 kleine rote Chilischote
1 EL Limettensaft
1 EL Sojasauce, 1 TL Ahornsirup
1 TL Sesamöl
1 Eiweiß
1 TL Kartoffelmehl
1 EL Sonnenblumenöl
frische Kresse zum Garnieren

1. Das Seelachsfilet unter kaltem Wasser abbrausen, trockentupfen und in 1 cm große Würfel schneiden. Den Zitronensaft darüber träufeln und mit Salz und Pfeffer würzen.
2. Den Rettich waschen, schälen und in dünne Scheiben schneiden. Den Chinakohl putzen, waschen, trockenschleudern und in Streifen schneiden. Knoblauch und Schalotten abziehen und fein hacken.
   Die Chilischote waschen, längs aufschneiden, Stielansatz und Kerne entfernen und in feine Streifen schneiden.
3. Rettichscheiben, Chinakohl, Knoblauch, Schalotten und die Chilischote in einer Schüssel locker miteinander vermengen. Aus Limettensaft, Sojasauce, Ahornsirup und dem Sesamöl ein Dressing rühren, pikant abschmecken und über den Salat geben.
4. Das Eiweiß mit 1 Prise Jodsalz steif schlagen und mit dem Kartoffelmehl verrühren. Die Fischwürfel darin wenden und in einer beschichteten Pfanne mit heißem Sonnenblumenöl von allen Seiten knusprig braten.

5. Den Salat mit den gebratenen Fischwürfeln darauf dekorativ auf Teller anrichten und mit frischer Kresse bestreut servieren.

Pro Portion: 9 Fettpunkte • 11 g Kohlenhydrate • 1 BE

Pfannkuchen mit Spinat-Schwarzwurzel-Füllung

40 ml Milch (1,5 % Fett)
1 Ei
Jodsalz, Pfeffer aus der Mühle
60 g Weizenmehl
½ TL Rapsöl
1 EL Zitronensaft
250 g Schwarzwurzeln
200 g Blattspinat
1 kleine Zwiebel
1 Knoblauchzehe
1 Msp. gemahlene Muskatnuß
1 EL Sahne (10 % Fett)

1. Aus Milch, Ei, 1 Prise Salz und dem Mehl mit einem Schneebesen einen dünnflüssigen Teig herstellen und im Kühlschrank 15 Minuten quellen lassen. Danach in einer mit Rapsöl ausgeriebenen beschichteten Pfanne nach und nach 4 kleine Pfannkuchen backen.

2. ¼ l Wasser erhitzen und mit Salz und Zitronensaft würzen. Die Schwarzwurzeln schälen, schräg in dünne Scheiben schneiden und sofort in den kochenden Sud geben. Bei mittlerer Hitze zugedeckt etwa 20 Minuten dünsten.

3. Den Spinat verlesen, waschen, große Stiele entfernen und in Stücke zupfen. Zwiebel und Knoblauch abziehen und fein würfeln. Eine beschichtete Pfanne mit Rapsöl ausreiben, erhitzen und den Knoblauch mit der Zwiebel darin angehen lassen. Den Spinat tropfnaß dazugeben, mit Salz, Pfeffer und Muskat würzen und etwa 10 Minuten dünsten.

4. Die Schwarzwurzeln abtropfen lassen und zum Spinat geben. Erhitzen und mit Salz und Pfeffer abschmecken. Die Pfannkuchen mit der Spinatfüllung belegen, zusammenklappen und servieren.

Pro Portion: 6 Fettpunkte • 33 g Kohlenhydrate • 3 BE

Suppen

Scharf-saure Shiitakesuppe

Suppen

Suppen gelten als die klassischen Vorspeisen der deutschen Küche, eignen sich aber auch als Zwischenmahlzeit oder mit einer Scheibe Brot als kleines Abendessen nach einer reichhaltigeren Mittagstafel.

Bunte Gemüsesuppe mit Kartoffeln

250 g Kartoffeln
1 Möhre
100 g Lauch
1 Zwiebel
1 TL Butterschmalz
500 ml entfettete Fleischbrühe
Jodsalz, Pfeffer aus der Mühle
$\frac{1}{4}$ TL getrockneter Majoran
einige Kümmelkörner
1 EL gehackte Petersilie

1. Kartoffeln und Möhre waschen und schälen, Lauch putzen und mit der Zwiebel in kleine Würfel schneiden. Butterschmalz in einem Topf zergehen lassen und das vorbereitete Gemüse, zuerst die Zwiebelwürfel, darin anschwitzen.
2. Mit der Fleischbrühe auffüllen und die Kartoffelwürfel zufügen. Mit Salz, Majoran, Kümmel und

Pfeffer würzen und garen. Kartoffelsuppe kräftig abschmecken, mit frisch gehackter Petersilie bestreuen und servieren.

Pro Portion: 3 Fettpunkte • 27 g Kohlenhydrate • 2 BE

Gelbe Paprikasuppe

2 gelbe Paprikaschoten
1 große Kartoffel
1 Zwiebel
500 ml Gemüsebrühe
$\frac{1}{4}$ TL mildes Currypulver
1 Msp. Kreuzkümmel (Kurkuma)
1 Msp. Koriander
Jodsalz, Pfeffer aus der Mühle
1 EL Schnittlauchröllchen

1. Die Paprikaschoten waschen, halbieren, entkernen, mit heißem Wasser überbrühen, die Haut abziehen und kleinschneiden. Kartoffel schälen, ebenfalls kleinschneiden.
2. Die Zwiebel abziehen und fein würfeln. Wenig Gemüsebrühe erhitzen, die Zwiebelwürfel, Paprikaschoten und Kartoffeln darin andünsten. Mit der restlichen Gemüsebrühe auffüllen und mit Currypulver, Kurkuma, Koriander, Salz und Pfeffer würzen.

3. Die Suppe etwa 20 Minuten gut durchkochen lassen, vom Herd nehmen und mit dem Mixstab pürieren. Nochmals aufkochen lassen und abschmecken.
4. Den Schnittlauch unter kaltem Wasser abbrausen, trockenschütteln und in Röllchen schneiden. Die Suppe anrichten und mit Schnittlauchröllchen bestreut servieren.

Pro Portion: 1 Fettpunkt • 27 g Kohlenhydrate • 2 BE

Scharf-saure Shiitakesuppe

20 g Glasnudeln
Jodsalz, Pfeffer aus der Mühle
500 ml entfettete Hühnerbrühe
60 g mageres Schweinefilet
½ TL Mehl
100 g Lauch
50 g Bambussprossen
½ TL Rapsöl
100 g Shiitakepilze
40 g geschälte Garnelen
1 TL Kartoffelmehl
2 EL Sojasauce
1 TL Weißweinessig
½ TL Chilisauce

1. Die Glasnudeln in kochendem Salzwasser etwa 30 Minuten ziehen lassen. Inzwischen die Hühnerbrühe zum Kochen bringen. Das Fleisch in sehr feine Streifen schneiden und mit Mehl, Salz und Pfeffer bestreuen.
2. Den Lauch putzen, waschen und schräg in feine Ringe schneiden. Die Bambussprossen in feine Streifen schneiden. Eine beschichtete Pfanne mit Rapsöl ausreiben, erhitzen und das Fleisch darin rasch anbraten.
3. Das Fleisch in der Brühe aufkochen lassen. Glasnudeln abseihen, in etwa 10 cm lange Stücke schnei-

den und zufügen. Die Pilze putzen, in Streifen schneiden und ebenfalls in die Brühe geben.

4. Das Gemüse und die Garnelen beifügen und weitere 10 Minuten kochen lassen. Kartoffelmehl mit 5 EL Wasser, Sojasauce und Essig verrühren, in die Suppe geben und aufkochen lassen. Mit Pfeffer und Chilisauce scharf-sauer abschmecken und heiß servieren.

Pro Portion: 3 Fettpunkte • 21 g Kohlenhydrate • 2 BE

Legierte Sauerkrautsuppe

1 kleine Zwiebel
½ TL Butterschmalz
500 ml Gemüsebrühe
2 Frühlingszwiebeln
1 Möhre
200 g Sauerkraut
1 Eigelb
1 EL Sahne
1 EL gehackte Petersilie
Jodsalz, Pfeffer aus der Mühle

1. Die Zwiebel abziehen, fein würfeln und in Butterschmalz leicht glasig dünsten. Mit etwas Gemüsebrühe angießen.

2. Frühlingszwiebeln und Möhre waschen, schälen und in Würfel schneiden. Das Sauerkraut abtropfen lassen, grob hacken und dazugeben. Mit der übrigen Gemüsebrühe angießen und gut durchkochen lassen.

3. Für die Legierung das Eigelb mit der Sahne verquirlen und in die nicht mehr kochende Suppe einrühren. Mit frisch gehackter Petersilie verfeinern und mit Salz und Pfeffer pikant abschmecken.

Pro Portion: 5 Fettpunkte • 10 g Kohlenhydrate • 1 BE

Radieschensuppe

1 Bund Radieschen mit grünen, frischen Blättern
200 g Lauch
1 TL Weizenkeimöl
500 ml Gemüsebrühe
Jodsalz, Pfeffer aus der Mühle
2 EL Sauerrahm (10 % Fett)
1 EL Kresse

1. Die Radieschen sowie die Radieschenblätter waschen, putzen und bis auf 2 Radieschen kleinschneiden. Den Lauch waschen, putzen und in feine Ringe schneiden.

2. Das Gemüse in einem Topf mit dem Öl anschwit-

zen, dann mit der Brühe ablöschen und ca. 8 Minuten köcheln lassen. Anschließend das Ganze pürieren und mit Salz und Pfeffer abschmecken.

3. Die Suppe mit Sauerrahm verfeinern und nicht mehr aufkochen lassen. Die Suppe in Teller füllen und mit den in Stifte geschnittenen übrigen Radieschen und der Kresse bestreuen.

Pro Portion: 4 Fettpunkte • 6 g Kohlenhydrate • 0,5 BE

Spinatsuppe

1 TL Butter
1 kleine Zwiebel
500 ml Gemüsebrühe oder klare Fleischbrühe
200 g Spinat
1 Eigelb
2 EL Sahne (10 % Fett)
1 EL Zitronensaft
Jodsalz, Pfeffer aus der Mühle

1. Butter in einem Topf zergehen lassen, die feingehackte Zwiebel darin bei schwacher Hitze mit etwas Brühe weich dünsten.
2. Spinat waschen, Stiele entfernen und fein hacken. Danach im Topf mit den Zwiebeln ca. 5 Minuten weiter dünsten.
3. Mit der restlichen Brühe auffüllen und aufkochen

lassen. Spinat mit der Brühe sehr fein pürieren.

4. Das Eigelb mit der Sahne in einer kleinen Schüssel oder Tasse verquirlen und nach und nach in die nicht mehr kochende Suppe geben. Dabei ständig rühren und darauf achten, daß die Suppe nicht mehr kocht.
5. Zum Schluß mit etwas Zitronensaft, Salz und Pfeffer abschmecken und gleich servieren.

Pro Portion: 6 Fettpunkte • 3 g Kohlenhydrate • 0 BE

Selleriesuppe mit Kräuterklößchen

200 g Knollensellerie
500 ml Rinderbrühe
60 g Kalbsbrät
1 EL Sahne
1 TL gehackte Kräuter (Petersilie, Dill)
Jodsalz, Pfeffer aus der Mühle
2 Stengel Petersilie

1. Den Sellerie waschen, schälen und in feine Scheiben schneiden oder hobeln und in der Rinderbrühe etwa 15-20 Minuten weichkochen.
2. Das Kalbsbrät mit der Sahne verrühren und mit den Kräutern, Salz und Pfeffer würzen. Mit 2 Teelöffeln kleine Nockerln abstechen und in kochendem Salz-

wasser etwa 10-15 Minuten bei mittlerer Hitze garen.

3. Die Suppe pürieren und mit Salz und Pfeffer abschmecken. Petersilie waschen, trockenschütteln und fein hacken. Die Suppe in Teller verteilen, die Nockerln dazugeben und mit der Petersilie bestreuen.

Pro Portion: 4 Fettpunkte • 4 g Kohlenhydrate • 0 BE

Gulaschsuppe mit Kartoffeln

100 g Rindfleisch (aus der Hüfte)
2 Zwiebeln
½ TL Butterschmalz
Jodsalz, Pfeffer aus der Mühle
1 EL Tomatenmark
1 EL Mehl
600 ml fettfreie Gemüsebrühe
1 TL Paprikapulver
¼ TL Kümmel
½ TL Majoran
1 Knoblauchzehe
1 große Kartoffel
1 Möhre
1 rote Paprikaschote

1. Das Rindfleisch unter kaltem Wasser abbrausen, trockentupfen und in kleine, etwa 1 cm große Würfel schneiden. Zwiebeln abziehen und fein würfeln.
2. Butterschmalz erhitzen und die Zwiebelwürfel darin anbraten. Das Fleisch dazugeben, mit Salz und Pfeffer würzen und ringsherum anbraten. Tomatenmark darin leicht angehen lassen, mit Mehl bestreuen, gut durchrühren und mit der Gemüsebrühe angießen.
3. Die Suppe mit Paprikapulver, Kümmel und Majoran würzen und aufkochen lassen. Die Knoblauchzehe abziehen und durch eine Knoblauchpresse in die Suppe drücken. Die Kartoffel und die Möhre schälen und fein würfeln. Die Paprikaschote putzen und ebenfalls fein würfeln.
4. Kartoffel, Möhre und Paprika in die Suppe geben und etwa 30-40 Minuten weich kochen. Mit Salz und Pfeffer pikant abschmecken und anrichten.

Portion: 6 Fettpunkte • 23 g Kohlenhydrate • 2 BE

Kalte Basilikum-Tomaten-Suppe

1 Knoblauchzehe
Jodsalz, Pfeffer aus der Mühle
1 EL Zitronensaft
1 TL kaltgepreßtes Olivenöl
frischer Zitronenthymian
1 Bund frisches Basilikum
300 g sehr reife Tomaten
2 große Radieschen
1 EL frische Kresse

1. Den Knoblauch abziehen und mit etwas Salz zu einer Paste zerdrücken. Anschließend mit Zitronensaft und Öl verrühren. Kräuter waschen, trockenschütteln und sehr fein hacken.
2. Tomaten kurz brühen, enthäuten, die Kerne entfernen und das Fruchtfleisch pürieren. Mit Salz und etwas Pfeffer würzen.
3. Die Knoblauchmischung und die Kräuter unter das Tomatenmus rühren. Die Suppe pikant abschmecken, anrichten und die Radieschen über die Suppe raspeln. Mit frischer Kresse garnieren.

Pro Portion: 3 Fettpunkte • 6 g Kohlenhydrate • 0,5 BE

Kalte Joghurt-Gurken-Suppe

1 kleine Salatgurke (etwa 400 g)
1 Zwiebel
150 g Joghurt natur (0,3 % Fett)
1 EL saure Sahne (10 % Fett)
Jodsalz, Pfeffer aus der Mühle
1 Prise Muskat
frischer Dill

1. Die Salatgurke waschen, schälen und bis auf einen kleinen Rest in Stücke schneiden. Das restliche Gurkenstück für die Einlage in kleine Würfel schneiden und beiseite stellen.
2. Zwiebel abziehen, in Würfel schneiden und mit den Gurkenstücken in einer Schüssel vermengen, Joghurt und saure Sahne dazugeben und das Ganze pürieren.
3. Die kalte Suppe mit Salz, Pfeffer und einer Prise Muskat abschmecken. Die Gurkenwürfel unterrühren und mit frisch gehacktem Dill verfeinern.

Pro Portion: 1 Fettpunkt • 9 g Kohlenhydrate • 1 BE

Hauptgerichte mit Fisch

Seehechtfilet in Senf-Estragon-Sauce

Hauptgerichte mit Fisch

Wirklich fangfrischen Fisch zu bekommen, ist nicht immer ganz einfach. Nutzen Sie die Gelegenheit besonders im Urlaub, und verwenden Sie zu Hause, wenn Sie keine Frischware bekommen, Fisch aus der Tiefkühltruhe. Vermeiden Sie jedoch panierten Fisch und alle Fertiggerichte. Die folgenden Fischgerichte sind fettarm, enthalten wertvolles Eiweiß und mehrfach ungesättigte Fettsäuren. Außerdem ist Fisch reich an Vitamin A und D sowie an den Spurenelementen Jod und Selen.

Forelle aus dem Pergamentmantel

2 küchenfertige Forellen (à 250 g)
1 EL Zitronensaft
Jodsalz, Pfeffer aus der Mühle
2 Knoblauchzehen
2 Rosmarinzweige
50 ml fettfreie Gemüsebrühe

1. 2 ausreichend große Stücke Pergamentpapier flach auslegen. Die Forellen unter kaltem Wasser abbrausen und mit Küchenkrepp trockentupfen.

2. Die Forellen mit Zitronensaft beträufeln und mit Salz und Pfeffer würzen. Knoblauch abziehen und kleinschneiden. Rosmarinzweige abbrausen, trockenschütteln und mit dem Knoblauch in die Forellen füllen.

3. Je eine Forelle in Pergamentpapier so hüllen, daß das Papier ein Behältnis formt. Je 2 EL Gemüsebrühe dazugießen und das Papier locker über den Forellen zusammenfalten.

4. Die Forellen im vorgeheizten Bratofen bei 220 °C etwa 15-20 Minuten garen. Die Fischpäckchen auf Teller legen, oben vorsichtig öffnen, damit der heiße Dampf entströmen kann, und sofort servieren.

Pro Portion: 2 Fettpunkte • 2 g Kohlenhydrate • 0 BE

Gemüsepfanne mit Schollenfilet

1 Zwiebel

300 g Broccoli

1 rote Paprikaschote

1 gelbe Paprikaschote

100 g Champignons

wenig Rapsöl zum Ausreiben der Pfanne

200 ml fettfreie Gemüsebrühe

Jodsalz, Pfeffer aus der Mühle

320 g Schollenfilet

1 EL Zitronensaft

1 kleines Bund frischer Dill

1. Zwiebel abziehen und fein würfeln. Broccoli waschen, putzen, in Röschen teilen, Strunk schälen und in Würfel schneiden. Paprikaschoten putzen, entkernen und das Fruchtfleisch in Stücke schneiden. Champignons putzen und vierteln.

2. Eine beschichtete Pfanne mit Rapsöl ausreiben und die Zwiebelwürfel darin leicht anbraten. Das Gemüse dazugeben und mit der Brühe angießen. Mit Salz und Pfeffer würzen und das Gemüse etwa 5 Minuten dünsten.

3. Die Schollenfilets unter kaltem Wasser abbrausen, trockentupfen und in mundgerechte Stücke schneiden. Mit Zitronensaft beträufeln und mit Jodsalz und Pfeffer würzen.

4. Die Fischstücke unter das gedünstete Gemüse mengen, erneut abdecken und etwa 5 Minuten gar dünsten. Frischen Dill waschen, trockenschütteln und fein hacken. Gemüsepfanne mit den Schollenfilets abschmecken, anrichten und mit dem Dill bestreut servieren.

Pro Portion: 3 Fettpunkte • 16 g Kohlenhydrate • 1 BE

Fischragout

320 g Kabeljaufilet

1 Zwiebel

2 Möhren

½ TL Butterschmalz

80 g Sauerkraut

1 EL Tomatenmark

1 TL Mehl

500 ml Wasser

300 g Kartoffeln

Jodsalz, Pfeffer aus der Mühle

Paprikapulver

wenig Kümmel

1. Die Fischfilets unter kaltem Wasser abbrausen, trockentupfen und in mundgerechte Würfel schneiden. Zwiebel abziehen und fein würfeln. Möhren schälen und in Scheiben schneiden.

2. Butterschmalz erhitzen und die Zwiebelwürfel und Möhrenscheiben darin anschwitzen. Das Sauerkraut mit dem Tomatenmark dazugeben, leicht mit Mehl bestäuben und mit kaltem Wasser auffüllen.

3. Kartoffeln schälen, würfeln und in die Pfanne geben. Aufkochen lassen, mit Salz, Paprikapulver, Kümmel, Pfeffer würzen und das Ganze etwa 15 Minuten durchkochen lassen, bis die Möhren und Kartoffeln weich sind.

4. Zum Schluß das vorbereitete Fischfilet zugeben, leicht unterrühren und bei mittlerer Hitze etwa 10-15 Minuten garziehen lassen. Mit Salz und Pfeffer abschmecken und gleich anrichten.

Pro Portion: 3 Fettpunkte • 36 g Kohlenhydrate • 3 BE

Fischklößchen mit Meerrettichsauce

100 g Blattspinat

Jodsalz, weißer Pfeffer

250 g Seehechtfilet

2 EL Sahne

1 Eiweiß

gemahlene Muskatnuß

1 TL Butter

1 EL Mehl

150 ml kalte Milch (1,5 % Fett)

100 ml Gemüsebrühe

1 EL geriebener Meerrettich (frisch oder Glas)

1. Blattspinat gut waschen, grobe Strünke entfernen und in Salzwasser blanchieren. Abschütten und mit kaltem Wasser abschrecken. Die Spinatblätter ausdrücken und grob hacken.

2. Gut gekühltes Seehechtfilet kleinschneiden und mit der Sahne und dem Eiweiß im Mixer pürieren. Die

Fischmasse mit Salz, Pfeffer und Muskat würzen. 8 Klößchen formen, mit dem gehackten Blattspinat füllen und in kochendem Salzwasser etwa 15 Minuten bei mittlerer Hitze pochieren.

3. Für die Sauce Butter schmelzen, Mehl zugeben, gut durchrühren und mit kalter Milch und Gemüsebrühe auffüllen. Den Meerrettich dazugeben und etwa 5 Minuten durchkochen lassen. Mit Jodsalz und Pfeffer abschmecken. Die Fischklößchen anrichten und mit der Meerrettichsauce umgießen.

Pro Portion: 4 Fettpunkte • 7 g Kohlenhydrate • 0,5 BE

Schellfischfilet mit Gemüse aus dem Bratbeutel

360 g Schellfischfilet
1 TL Zitronensaft
Jodsalz, Pfeffer aus der Mühle
200 g Lauch
2 Möhren
2 kleine Zwiebeln
½ TL Butter

1. Die Fischfilets unter kaltem Wasser abbrausen und trockentupfen. Mit Zitronensaft beträufeln und mit Salz und Pfeffer würzen.
2. Lauch waschen, Möhren waschen und schälen. Bei-

des in Streifen schneiden. Zwiebeln abziehen und in feine Streifen schneiden. Butter zerschmelzen und das Gemüse darin einige Minuten andünsten. Mit Salz und Pfeffer würzen.

3. Einen Bratbeutel (Bratfolienschlauch) von etwa 50 cm Länge auf einer Seite verschließen und das Gemüse einfüllen. 2 EL Wasser zugeben, die Fischfilets einlegen und das andere Ende des Bratbeutels verschließen.

4. Auf der untersten Einschubleiste im vorgeheizten Backofen bei etwa 200°C 30-35 Minuten garen. Den Bratbeutel aus dem Ofen nehmen, vorsichtig öffnen und die Filets mit dem Gemüse anrichten.

Pro Portion: 3 Fettpunkte • 12 g Kohlenhydrate • 1 BE

Karpfengulasch mit Kartoffeln und Möhren

300 g Kartoffeln
2 Möhren
Jodsalz, Pfeffer aus der Mühle
2 Zwiebeln
200 g Lauch
1 TL Butter
1 Knoblauchzehe
1 EL Tomatenmark
500 ml Gemüsebrühe

¼ TL Kümmel

Schale ½ Zitrone (unbehandelt)

1 TL Gulaschgewürz

1 TL Paprikapulver

½ TL getrockneter Majoran

360 g Karpfenfilets (ohne Haut)

1 kleines Kräuterbund (Schnittlauch, Dill, Thymian, Petersilie)

1. Kartoffeln und Möhren schälen und in mundgerechte Würfel schneiden. In Salzwasser etwa 10 Minuten fast gar kochen, dann abgießen und beiseite stellen. Zwiebeln abziehen und fein würfeln. Lauch waschen und in Scheiben schneiden.

2. Butter in einem Topf schmelzen, die Zwiebelwürfel und Lauchscheiben darin glasig dünsten. Die Knoblauchzehe abziehen und durch eine Knoblauchpresse dazu drücken. Das Tomatenmark unterrühren.

3. Gemüsebrühe angießen, mit Kümmel, geriebener Zitronenschale, Gulaschgewürz, Paprika, Majoran, Salz und Pfeffer würzen und etwa 5 Minuten gut durchkochen lassen.

4. Die vorgekochten Kartoffeln und Möhren zufügen und einmal kurz aufkochen lassen. Inzwischen die Karpfenfilets unter kaltem Wasser abbrausen, würfeln und dazugeben. Das Karpfengulasch bei schwacher Hitze etwa 8-10 Minuten fertig garen.

5. Die Kräuter unter kaltem Wasser abbrausen, trockenschütteln und fein hacken. Zum Schluß das Karpfengulasch mit Salz und Pfeffer abschmecken und mit den gehackten Kräutern verfeinern.

Pro Portion: 5 Fettpunkte • 37 g Kohlenhydrate • 3 BE

Potpourri von Fischen und Meeresfrüchten aus dem Kräuterdampf

2 Riesengarnelen à 60 g

80 g Scampi

100 g Miesmuscheln

80 g Lachsfilet

80 g Kabeljaufilet

1 Bund Kräuter (Dill, Thymian, Estragon, Petersilie)

Saft von 1 Zitrone

Jodsalz, Pfeffer aus der Mühle

½ TL Butter

2 Schalotten

1 Knoblauchzehe

2 Lorbeerblätter

6 weiße Pfefferkörner

200 g Frühlingslauch

200 ml trockener Weißwein

1. Riesengarnelen und Scampi längs halbieren, jeweils den schwarzen Darmfaden entfernen und gründlich unter kaltem Wasser abbrausen. Mu-

scheln gründlich säubern, Muschelbärte entfernen. Fischfilets kalt abbrausen und in Streifen schneiden.

2. Die Kräuter kalt abbrausen, trockenschütteln und abzupfen. Etwa 2 EL davon fein hacken und beiseite stellen. Den Siebeinsatz eines Dampfkochtopfs mit den übrigen Kräutern auslegen und die Fische und Meeresfrüchte gleichmäßig darauf verteilen. Mit Zitronensaft beträufeln und leicht salzen.

3. Im Dampfkochtopf Butter schmelzen und kleingeschnittene Schalotten, Kräuterstiele, zerdrückten Knoblauch, Lorbeerblätter, Pfefferkörner, Salz sowie den in Scheiben geschnittenen Frühlingslauch darin angehen lassen. Mit Weißwein ablöschen und aufkochen lassen.

4. Den Siebeinsatz mit den Meeresfrüchten in den Topf stellen. Topf verschließen und alles unter Druck 5-8 Minuten dämpfen. Den Topf öffnen, Siebeinsatz entnehmen und den Dämpfsud durch ein Sieb in einen kleinen Topf gießen.

5. Den Siebeinsatz mit den Meeresfrüchten wieder in den Topf stellen und warmhalten. Den Sud mit den restlichen gehackten Kräutern verfeinern und mit Salz und Pfeffer abschmecken. Die Meeresfrüchte anrichten und mit dem Sud übergießen.

Pro Portion: 5 Fettpunkte • 15 g Kohlenhydrate • 1 BE

Seehechtfilet in Senf-Estragon-Sauce

320 g Seehechtfilet
1 EL Zitronensaft
Jodsalz, Pfeffer aus der Mühle
1 Zwiebel
1 TL Butter
½ TL Honig
1 TL Kartoffelmehl
250 ml fettfreie Gemüsebrühe
2 EL Sahne (10 % Fett)
1 TL scharfer Senf
1 Zweig frischer Estragon
1 EL frische Kresse

1. Die Seehechtfilets unter kaltem Wasser abbrausen, mit Küchenkrepp trockentupfen und in Streifen schneiden. Mit Zitronensaft beträufeln, salzen und pfeffern, dann etwa 10 Minuten marinieren.

2. Inzwischen die Zwiebel abziehen und in feine Würfel schneiden. Für die Sauce Butter erhitzen und die Zwiebelwürfel mit dem Honig darin anschwitzen, ohne Farbe nehmen zu lassen. Das Kartoffelmehl darüberstreuen und mit der Gemüsebrühe auffüllen. Aufkochen und leicht reduzieren lassen.

3. Die Sahne mit dem Senf verrühren. Estragon waschen, Blättchen abzupfen, kleinschneiden und

mit der Senfmischung in die Sauce geben. Mit Salz und Pfeffer würzen, dann nochmals aufkochen lassen.

4. Die vorbereiteten Fischfilets in die Senfsauce geben, unterrühren und darin etwa 12-15 Minuten bei geringer Hitzezufuhr garziehen lassen. Zum Schluß abschmecken, anrichten und mit frischer Kresse bestreuen.

Pro Portion: 6 Fettpunkte • 9 g Kohlenhydrate • 1 BE

Hauptgerichte mit Fleisch und Gemüse

Süßsaures Ananas-Paprika-Gemüse mit Kalbsrückensteaks

Hauptgerichte mit Fleisch und Gemüse

Wer täglich kocht, weiß, wie schwierig es ist, immer mit Lust und Liebe bei der Sache zu bleiben. Schnell entwickelt sich ein schematisches Eßprogramm, das sich Woche für Woche wiederholt. Die folgenden Rezepte sollen Ihnen das Prinzip der ausgewogenen und zugleich schmackhaften Kombination von Fleisch oder Geflügel mit Gemüse und anderen Zutaten vorführen – Ihrer eigenen Phantasie sind dann keine Grenzen mehr gesetzt.

Pochiertes Rinderfilet mit Zwiebelsauce

250 ml trockener Rotwein

500 ml entfettete Fleischbrühe

1 Thymianzweig

1 Rosmarinzweig

1 Lorbeerblatt

5 Pfefferkörner

320 g Rinderfilet

2 rote Zwiebeln

wenig Rapsöl zum Ausreiben der Pfanne

2 EL Sahne (10 % Fett)

½ TL grüne Pfefferkörner (Glas)

Jodsalz, Pfeffer aus der Mühle

1. Den Rotwein mit der Fleischbrühe, den Gewürzen, dem Salz und den Kräutern aufkochen lassen. Dann beiseite stellen und etwas abkühlen lassen, bis eine Temperatur von etwa 80 °C erreicht ist.
2. Das Rinderfilet unter kaltem Wasser abbrausen, in Scheiben schneiden und in den Pochierfond legen. Etwa 20-25 Minuten garziehen lassen, dabei darauf achten, daß die Temperatur immer zwischen 70 °C und 80 °C beträgt.
3. In der Zwischenzeit für die Sauce Zwiebeln abziehen und in feine Streifen schneiden. Eine beschichtete Pfanne mit Rapsöl ausreiben, erhitzen und die Zwiebeln darin angehen lassen. Mit ¼ l vom Pochierfond angießen und etwas einkochen lassen.
4. Die Sauce mit Sahne verfeinern und mit Salz, grünen Pfefferkörnern und wenig Pfeffer kräftig abschmecken. Die Filetscheiben anrichten und mit der Zwiebelsauce überziehen.

Pro Portion: 10 Fettpunkte • 6 g Kohlenhydrate • 0,5 BE

Rindergeschnetzeltes mit Möhren und Champignons

320 g Rinderhüfte

60 g Champignons

2 Kirschtomaten

1 kleine Zucchini

2 Möhren

200 g Broccoli

wenig Rapsöl zum Ausreiben der Pfanne

1 kleine Zwiebel

250 ml entfettete Gemüsebrühe

1 EL Sahne (10 % Fett)

Jodsalz, Pfeffer aus der Mühle

1. Das Rindfleisch waschen, mit Küchenpapier trocknen und in Streifen schneiden. Champignons putzen und in Scheiben schneiden, Kirschtomaten putzen und vierteln.
2. Die Zucchini in Scheiben schneiden. Möhren schälen und ebenfalls in feine Scheiben schneiden. Broccoli putzen und in Röschen teilen. Eine beschichtete Pfanne mit Rapsöl ausreiben, erhitzen und das Fleisch darin rasch anbraten. Zwiebel abziehen, in Streifen schneiden und mit anbraten.
3. Zucchini, Möhren und Broccoli dazugeben und das Ganze mit Pfeffer würzen. Mit Brühe angießen und etwa 15 Minuten durchkochen lassen. Champignons und Kirschtomaten dazugeben, mit Sahne angießen und aufkochen. Das Gericht mit Salz und Pfeffer abschmecken und anrichten.

Pro Portion: 11 Fettpunkte • 10 g Kohlenhydrate • 1 BE

Roastbeef mit gegrilltem Gemüse

1 Zucchini

1 rote Paprikaschote

1 gelbe Paprikaschote

100 g Champignons (kleine Köpfe)

Jodsalz, Pfeffer aus der Mühle

4 Scheiben Roastbeef à 80 g

1 TL mittelscharfer Senf

1 EL Rapsöl zum Bepinseln der Grillplatte

60 g Sauerrahm (10 % Fett)

100 g Joghurt (1,5 % Fett)

1 EL frisch gehackte Kräuter (Dill, Schnittlauch, Petersilie)

1 Knoblauchzehe

1 TL geriebener Meerrettich

2 mittelgroße Kopfsalatblätter

1. Zucchini putzen, Stielansätze entfernen und in Scheiben schneiden. Paprikaschoten putzen und in mundgerechte Stücke schneiden. Champignonköpfe putzen und abwechselnd mit dem Gemüse auf Spieße stecken, mit Salz und Pfeffer würzen.
2. Das Roastbeef unter kaltem Wasser abbrausen, trockentupfen und mit Salz und Pfeffer würzen. Die Oberseiten mit Senf bestreichen und auf eine mit wenig Rapsöl bepinselte, heiße Grillplatte legen und von beiden Seiten etwa 20-25 Minuten grillen. Ab und zu wenden.

3. Die vorbereiteten Gemüsespieße ebenfalls auf die Grillplatte legen und etwa 20 Minuten mitgrillen. Ab und zu wenden. Für den Dip Sauerrahm und Joghurt vermischen, mit frisch gehackten Kräutern sowie zerdrücktem Knoblauch und Meerrettich verrühren. Mit Salz und Pfeffer abschmecken.

4. Die Roastbeefscheiben vom Grill nehmen und zusammen mit dem Gemüsespieß anrichten. Die beiden Salatblätter ansetzen und den Dip hineinfüllen.

Pro Portion: 17 Fettpunkte • 18 g Kohlenhydrate • 1,5 BE

Rinderroulade mit Gemüsefüllung

2 Rinderrouladen aus der Rinderhüfte à 160 g
Jodsalz, Pfeffer aus der Mühle
2 Möhren
200 g Lauch
20 g Radieschensprossen
1 TL Butterschmalz
250 ml Gemüsebrühe
250 ml Bratensaft

1. Das Rindfleisch unter kaltem Wasser abbrausen, trockentupfen, leicht klopfen und mit wenig Salz und Pfeffer würzen. Möhren schälen, Lauch putzen und waschen, beides in Streifen schneiden und die

Rouladen damit füllen.

2. Die Radieschensprossen darauf verteilen, die Rouladen einrollen und zusammenbinden, dann im erhitzten Butterschmalz anbraten. Mit Gemüsebrühe und Bratensaft angießen und im Backofen bei 180° C etwa 45-50 Minuten schmoren. Ab und zu wenden und bei Bedarf Wasser nachgießen.

3. Die Rouladen aus dem Ofen nehmen, den Bindfaden entfernen, in Scheiben schneiden und anrichten. Die Sauce mit Salz und Pfeffer abschmecken und die Rouladen damit übergießen.

Pro Portion: 12 Fettpunkte • 7 g Kohlenhydrate • 0,5 BE

Hüftgulasch vom Rind mit Gemüse

320 g Rinderhüfte
1 TL Butterschmalz
2 Zwiebeln
1 EL Mehl
2 EL Tomatenmark
500 ml fettfreie Fleischbrühe
125 ml trockener Rotwein
Jodsalz, Pfeffer aus der Mühle
1 Lorbeerblatt, 4 Wacholderbeeren
2 Nelken, einige Pfefferkörner
2 Möhren

1 rote Paprikaschote
1 grüne Paprikaschote
1 Knoblauchzehe
Majoran, Kümmel
1 TL Paprikapulver

1. Das Rindfleisch unter kaltem Wasser abbrausen, trockentupfen und in etwa 1 cm große Würfel schneiden. Butterschmalz erhitzen und die Fleischwürfel darin rasch von allen Seiten anbraten.
2. Die Zwiebeln abziehen, würfeln und dazugeben. Mit Mehl bestäuben, Tomatenmark zufügen und mit der Fleischbrühe und dem Rotwein angießen. Salz, Lorbeerblatt, Wacholderbeeren, Nelken und Pfefferkörner dazugeben und bei mittlerer Hitze unter mehrmaligem Umrühren 20 Minuten garen.
3. Inzwischen die Möhren schälen. Paprikaschoten putzen, Stielansätze und Kerne entfernen und mit den Möhren in kleine Würfel schneiden. Das Gemüse nach 20 Minuten zum Gulasch geben und noch weitere 20 Minuten mitgaren lassen.
4. Zum Schluß mit Pfeffer, Salz, zerdrücktem Knoblauch, Majoran, Kümmel und Paprikapulver abschmecken und anrichten.

Pro Portion: 12 Fettpunkte • 15 g Kohlenhydrate • 1 BE

Geschnetzeltes Rindfleisch aus dem Wok

320 g Rumpsteak
1 EL Sojasauce
1 Knoblauchzehe
wenig Jodsalz, Pfeffer aus der Mühle
200 g Blumenkohl
100 g Petersilienwurzel
200 g Möhren
100 g Shiitakepilze
wenig frischer Ingwer
1 TL Rapsöl
etwas Currypulver

1. Das Rindfleisch waschen, trockentupfen, in feine Streifen schneiden und in der Sojasauce etwas marinieren. Inzwischen die Knoblauchzehe abziehen und mit wenig Salz zerdrücken. Den Blumenkohl in kleine Röschen teilen. Die Petersilienwurzel und die Möhren schälen und in feine Stifte schneiden.
2. Die Pilze in mundgerechte Stücke teilen. Den Ingwer schälen und grob raspeln. Etwa 1 TL Rapsöl im Wok erhitzen und die Hälfte der Knoblauchzehe darin rasch anbraten. Das Gemüse und die Pilze dazugeben und unter ständigem Rühren bißfest garen. Aus dem Wok nehmen und warm halten.
3. Das Fleisch mit Pfeffer und wenig Salz würzen.

Die Fleischstreifen im restlichen Öl rasch anbraten. Die übrige Knoblauchzehe, den Ingwer und etwas Currypulver untermischen und alles so lange braten, bis das Fleisch gar ist.

4. Das Gemüse wieder hinzufügen, nochmals kurz erhitzen und das Gericht mit Sojasauce, Salz und Pfeffer abschmecken.

Pro Portion: 12 Fettpunkte • 13 g Kohlenhydrate • 1 BE

Filetspitzen mit Sommergemüse und Basilikumtomaten

2 Möhren, 1 Zucchini

100 g Champignons

4 Kirschtomaten

100 g Paprikaschoten

320 g Rinderfilet (von der Spitze)

1 Zwiebel

1 TL Butterschmalz

Jodsalz, Pfeffer aus der Mühle

1 Knoblauchzehe

250 ml Bratensaft

4 kleinere Tomaten

½ TL Butter

1 kleines Bund frisches Basilikum

20 g Sahne (10 % Fett)

1 EL Schnittlauchröllchen.

1. Die Möhren schälen, der Länge nach halbieren und in dünne Scheiben schneiden. Zucchini waschen und in Streifen schneiden. Champignons putzen und achteln. Kirschtomaten halbieren, Paprikaschoten in Streifen schneiden.

2. Das Rinderfilet mit kaltem Wasser abbrausen, trockentupfen und in Streifen schneiden. Die Zwiebel häuten, in Streifen schneiden und in Butterschmalz glasig dünsten.

3. Das Rinderfilet dazugeben und mit Pfeffer und zerdrücktem Knoblauch würzen. Das vorbereitete Gemüse zugeben, mit Bratensaft angießen und das Gericht gut durchkochen lassen.

4. Die Tomaten brühen, häuten, in Achtel schneiden und entkernen. Butter zerschmelzen, Tomaten dazugeben, erhitzen und mit gehacktem Basilikum, Salz und Pfeffer würzen.

5. Zum Schluß mit der Sahne angießen, Schnittlauchröllchen zufügen und mit Salz und Pfeffer abschmecken. Das Filetgeschnetzelte auf Tellern anrichten, die Basilikumtomaten darauf verteilen und servieren.

Pro Portion: 16 Fettpunkte • 17 g Kohlenhydrate • 1,5 BE

Rinderfilet mit Kräuterpilzen im Blätterteigmantel

320 g Rinderfilet
Jodsalz, Pfeffer aus der Mühle
½ TL Butterschmalz
150 g Champignons
2 Zwiebeln
1 Knoblauchzehe
1/2 TL Butter
2 EL gehackte Kräuter (Petersilie, Dill, Schnittlauch)
120 g Blätterteig (TK)
1 Ei
2 EL Milch (1,5 % Fett)

1. Rinderfilet unter kaltem Wasser abbrausen, trockentupfen und mit Salz und Pfeffer würzen. Butterschmalz erhitzen und das Filet darin ringsherum anbraten, so daß sich die Poren schließen und kein Saft mehr austreten kann.
2. Für die Füllung Champignons und Zwiebeln kleinhacken und mit dem durchgedrückten Knoblauch in Butter dünsten. Anschließend etwas auskühlen lassen und die gehackten Kräuter untergeben.
3. Den Blätterteig in 2 gleich große Rechtecke ausrollen und die Füllung darauf verteilen. Das vorbereitete Rinderfilet darauf legen. Das Ei mit der Milch verquirlen und die Ränder des Blätterteigs damit bestreichen. Das zweite Teigrechteck auflegen und die Teigränder fest zusammendrücken.
4. Die Manteloberseite ebenfalls mit Eistreiche bestreichen, mit einer Gabel einige Löcher einstechen und auf einem Backblech in den Ofen schieben. Kurz mit etwas Wasser besprühen und im Ofen bei rund 220 ° C etwa 30 Minuten backen. Das Rinderfilet aus dem Ofen nehmen, in Scheiben schneiden und anrichten.

Pro Portion: 24 Fettpunkte • 38 g Kohlenhydrate • 3 BE

Gespickter Tafelspitz aus dem Schmortopf

320 g magerer Tafelspitz
1 dicke Scheibe Rindersaftschinken (40 g)
4 abgezogene Mandeln in Stiften
2 Knoblauchzehen
Jodsalz, Pfeffer aus der Mühle
½ TL Butterschmalz
1 TL Mehl
1 EL Tomatenmark
750 ml fettfreie Gemüsebrühe
2 Lorbeerblätter
2 Nelken
4 Wacholderbeeren
einige Pfefferkörner, Thymian, Majoran

1. Das Rindfleisch unter kaltem Wasser abbrausen, trockentupfen und mit einem Messer nicht zu tief einstechen. Den Rindersaftschinken in Streifen schneiden. Die Einschnitte im Tafelspitz mit Schinken, Mandeln und Knoblauchstiften spicken. Mit Pfeffer und Salz würzen.
2. Butterschmalz in einem Schmortopf erhitzen und das Fleisch rasch von allen Seiten anbraten. Mit Mehl bestäuben, Tomatenmark dazugeben, anrösten und mit der Gemüsebrühe angießen.
3. Lorbeerblätter, Nelken, Wacholderbeeren, Pfefferkörner, Thymian und Majoran zugeben. Das Ganze zugedeckt bei mittlerer Hitze etwa 45-50 Minuten schmoren.
4. Zum Schluß die Sauce passieren und mit Salz und Pfeffer abschmecken. Den geschmorten Tafelspitz in Scheiben schneiden, anrichten und mit der Sauce übergießen.

Pro Portion: 16 Fettpunkte • 6 g Kohlenhydrate • 0,5 BE

Gesundheits-Tip

Das Gute im Rindfleisch: Der hohe Eiweißgehalt von ca. 22 g pro 100 g macht es zu einer guten Eiweißquelle; es enthält viele Vitamine der B-Gruppe, besonders Niacin, Mineralien, vor allem reichlich Kalium und Magnesium, sowie Spurenelemente, vor allem blutbildendes Eisen.
Rinderhack zum Beispiel wird aus entsehntem Rindfleisch hergestellt und enthält bis maximal 20 % Fett. Kalbfleisch ist besonders leicht verdaulich und mager: Es enthält nur 4 % Fett.

Kalbfleisch mit Kartoffeln in feiner Senfsauce

320 g Kalbfleisch (aus der Keule)
200 g Suppengemüse (Möhren, Lauch, Sellerie)
1 kleine, geschälte Zwiebel mit
1 Lorbeerblatt und 4 Nelken gespickt
4 Wacholderbeeren
Jodsalz
300 g kleine Kartoffeln
1 TL Butter
1 EL Mehl
1 kleine Zwiebel

20 ml Sahne (10 % Fett)

4 cl Weißwein, 1 TL Zitronensaft

1 Msp. gemahlene Muskatnuß, etwas Senf

1 EL gehackte Kräuter (Petersilie, Dill)

1. Das Kalbfleisch unter kaltem Wasser abbrausen und in mundgerechte Würfel schneiden. Etwa ½ l Wasser erhitzen. Das Suppengemüse putzen, waschen, zerkleinern und mit der gespickten Zwiebel, den Gewürzen und etwa ½ TL Salz aufkochen lassen. Die Fleischwürfel dazugeben und in etwa 15-20 Minuten bißfest garen.

2. Inzwischen Kartoffeln waschen und mit der Schale in Salzwasser bißfest garen. Abschütten, etwas ausdampfen lassen, pellen und in kleine Stücke schneiden. Von der Brühe 125 ml passieren und auskühlen lassen. Das Fleisch in der Brühe warm stellen.

3. Für die Mehlschwitze in einem Topf die Butter zergehen lassen und feine Zwiebelwürfel darin glasig dünsten. Mehl zugeben, gut umrühren und mit der passierten Brühe und der Sahne auffüllen. Etwa 10 Minuten unter stetigem Umrühren bei mittlerer Hitze durchkochen lassen.

4. Die Fleischwürfel und die gekochten Kartoffeln dazugeben und aufkochen lassen. Mit Weißwein, Zitronensaft, Salz, Muskat und Senf fein abschmecken. Frisch gehackte Petersilie und Dill unterrühren und servieren.

Pro Portion: 13 Fettpunkte • 36 g Kohlenhydrate • 3 BE

Süßsaures Ananas-Paprika-Gemüse mit Kalbsrückensteaks

1 Knoblauchzehe

2 Frühlingszwiebeln

1 rote und 1 gelbe Paprikaschote

50 g frische Sojabohnenkeimlinge

200 g frisches Ananasfruchtfleisch

4 Kalbsrückensteaks à 80 g

Jodsalz, Pfeffer aus der Mühle

etwas Rapsöl zum Ausreiben der Pfanne

100 ml Tomatensaft

2 EL Sojasauce

1 Schuß Apfelessig

1 EL gehackte Kräuter (Dill, Petersilie, Schnittlauch)

1. Für das Gemüse die Knoblauchzehe abziehen und fein hacken. Frühlingszwiebeln und Paprikaschoten waschen, putzen und in feine Streifen schneiden. Sojakeimlinge verlesen, waschen und gut abtropfen lassen. Ananas in kleine Würfel schneiden.

2. Die Kalbsteaks unter kaltem Wasser abbrausen, trockentupfen, leicht klopfen und mit Salz, Pfeffer und Kräutern würzen. Eine beschichtete Pfanne mit Rapsöl ausreiben, erhitzen und die Steaks darin kurz bei mäßiger Hitze braten, herausnehmen und warm stellen.

3. Den Knoblauch im verbliebenen Bratensaft andünsten, Frühlingszwiebeln und Paprikaschotenwürfel dazugeben, einige Minuten dünsten. Sojakeimlinge und Ananaswürfel dazugeben.

4. Das Gemüse mit Tomatensaft, Sojasauce, Salz, Pfeffer und einem Schuß Apfelessig süßsauer abschmecken. Das Gemüse auf Tellern verteilen, die Steaks darauf legen und mit den gehackten Kräutern bestreuen.

Pro Portion: 10 Fettpunkte • 25 g Kohlenhydrate • 2 BE

Gefüllte Kalbsröllchen in Zitronensauce

100 g Blattspinat
60 g süßsauer eingelegter Kürbis
Jodsalz, Pfeffer aus der Mühle
1 Msp. Paprikapulver
2 Kalbsschnitzel à 160 g
wenig Rapsöl zum Ausreiben der Pfanne
100 ml Weißwein
Saft von 1 Zitrone
20 ml Sahne (10 % Fett)
1 TL Ahornsirup

1. Den Spinat verlesen, waschen und in kochendem Salzwasser etwa 1 Minute blanchieren. Mit einer Schaumkelle herausheben und in einem Sieb abtropfen lassen. Den Kürbis sehr klein würfeln, mit Salz, Pfeffer und Paprikapulver kräftig würzen.

2. Die Kalbsschnitzel unter kaltem Wasser abbrausen, trockentupfen und zwischen Frischhaltefolie flachklopfen. Von beiden Seiten mit Salz und Pfeffer würzen.

3. Das Fleisch mit den Spinatblättern belegen und die Kürbisfüllung dünn aufstreichen. Die Schnitzel von einer Längsseite her aufrollen und mit Zahnstochern oder Rouladenspießchen zusammenstecken.

4. Eine beschichtete Pfanne mit Rapsöl ausreiben, er-

hitzen und die Rouladen darin rundherum etwa 5 Minuten anbraten. Den Weißwein und den Zitronensaft angießen und zugedeckt bei mittlerer Hitze 20-25 Minuten schmoren lassen.

5. Die Rouladen aus der Pfanne nehmen, Zahnstocher entfernen, in dünne Scheiben schneiden und auf Tellern anrichten. Die Sahne in die Sauce rühren, mit Ahornsirup, Salz und Pfeffer pikant abschmecken und die Rouladenscheiben damit umgießen.

Pro Portion: 9 Fettpunkte • 4 g Kohlenhydrate • 0 BE

Basilikum-Möhren-Kalbsgulasch

320 g Kalbsschulter
Jodsalz, Pfeffer aus der Mühle
400 g Möhren
½ TL Butterschmalz
2 Zwiebeln
1 EL Mehl
1 EL Tomatenmark
250 ml trockener Rotwein
500 ml fettfreie Fleischbrühe
2 Lorbeerblätter
4 Pfefferkörner
4 Wacholderbeeren
1 kleines Bund Basilikum
20 ml Sahne (10 % Fett)

1. Das Kalbfleisch unter kaltem Wasser abbrausen, mit Küchenkrepp trockentupfen und in mundgerechte Würfel schneiden. Mit Salz und Pfeffer würzen.

2. Möhren schälen und in etwa 1 cm dicke Scheiben schneiden. Butterschmalz in einem Schmortopf erhitzen und das Fleisch darin scharf anbraten. Zwiebeln abziehen, fein würfeln und dazugeben.

3. Mit Mehl bestäuben, Tomatenmark zufügen und leicht anrösten lassen. Mit Rotwein und Fleischbrühe angießen und aufkochen lassen. Lorbeerblätter, Pfefferkörner, Wacholderbeeren und die vorbereiteten Möhren dazugeben und das Ganze zugedeckt bei mittlerer Hitze etwa 20-30 Minuten schmoren lassen.

4. Inzwischen das Basilikum kalt abbrausen, trockenschütteln und die Blättchen in feine Streifen schneiden. Das Kalbsgulasch zum Schluß mit der Sahne verfeinern und mit Salz und Pfeffer abschmecken. Das Basilikum unterrühren und anrichten.

Pro Portion: 10 Fettpunkte • 18 g Kohlenhydrate • 1,5 BE

Schweinefiletstreifen auf Tomatengemüse

320 g Schweinefilet
Jodsalz, schwarzer Pfeffer aus der Mühle
1 Knoblauchzehe
1 Zwiebel, 2 Frühlingszwiebeln
300 g Fleischtomaten
wenig Rapsöl zum Ausreiben der Pfanne
1 EL geh. Basilikum, 1 TL geh. Oregano

1. Das Schweinefilet kalt abbrausen, trockentupfen und in Streifen schneiden. Mit Salz und Pfeffer würzen. Knoblauchzehe abziehen und fein hacken.
2. Zwiebel abziehen und in feine Streifen schneiden. Frühlingszwiebeln putzen, waschen und in Scheiben schneiden. Tomaten kurz überbrühen, enthäuten, entkernen und das Fruchtfleisch würfeln.
3. Eine beschichtete Pfanne mit Rapsöl ausreiben, erhitzen und den Knoblauch darin kurz anbraten, Fleisch dazugeben und von allen Seiten braten, alles herausnehmen und warm stellen.
4. Zwiebeln im verbliebenen Bratensaft glasig dünsten, Tomatenwürfel kurz mitdünsten und das Gemüse mit Salz und Pfeffer abschmecken. Mit Basilikum und Oregano verfeinern. Das Fleisch auf dem Tomatengemüse anrichten.

Pro Portion: 12 Fettpunkte • 11 g Kohlenhydrate • 1 BE

Schweinefilet im Kartoffelmantel

320 g Schweinefilet
Jodsalz, Pfeffer aus der Mühle
1 TL Butterschmalz
200 g Kartoffeln
1 Ei
2 EL Mehl
1 TL frischer Kerbel
1 TL gehackte Petersilie
1 Msp. gemahlene Muskatnuß
Frischhaltefolie
Mehl zum Wenden
300 g Pfifferlinge
50 g gehackte Schalotten oder Zwiebeln
100 ml Gemüsebrühe
½ TL Butter
1 TL Schnittlauchröllchen

1. Schweinefilet in Scheiben schneiden, leicht klopfen und mit Salz und Pfeffer beidseitig würzen. In heißem Butterschmalz auf den Punkt braten.
2. Kartoffeln schälen, reiben, ausdrücken und mit dem Ei, 2 EL Mehl, Kerbel, Petersilie, Muskat und Salz einen Kartoffelteig herstellen. 8 Plätzchen formen und auf Frischhaltefolie legen.
3. Die gebratenen Filetscheiben in Mehl wenden, auf den Kartoffelplätzchen verteilen und immer 2 zusammenklappen. Folie entfernen und die Taler von

beiden Seiten etwa 5-10 Minuten in Butterschmalz braten.

4. Pfifferlinge putzen, mit Küchenkrepp reinigen und zerkleinern. In Butter feingeschnittene Schalotten anschwitzen, Pfifferlinge, Petersilie, Schnittlauch zugeben, mit Salz und Pfeffer würzen, mit Gemüsebrühe angießen und bißfest garen. Die Pfifferlinge und je 2 Schweinefilets auf die Teller verteilen.

Pro Portion: 18 Fettpunkte • 30 g Kohlenhydrate • 2,5 BE

Fettspar-Tip

Schweinefleisch ist reich an B-Vitaminen. Außerdem enthält es relativ viel Eisen, das gerade in den kalten Monaten für Konzentration sorgt und fit hält. Das hier verwendete Filet enthält zum Beispiel 2 % Fett. Wer den Geschmack von kroß gebratenem Speck liebt, sollte diesen trotzdem vom mageren Fleisch abschneiden – der Geschmack bleibt.

Schweinekotelett mit gedünsteten Äpfeln

2 Schweinekoteletts ohne Knochen à 160 g
1 Zweig frischer Thymian
Jodsalz, Pfeffer aus der Mühle
2 weiße Zwiebeln
2 Äpfel
1 TL Zitronensaft
wenig Rapsöl zum Ausreiben der Pfanne
200 ml Apfelsaft
1 TL Kartoffelmehl
1 Schuß Apfelessig

1. Die Schweinekoteletts gründlich unter kaltem Wasser abbrausen, trockentupfen und leicht klopfen. Thymian abbrausen, trockenschütteln und die Blättchen fein hacken. Die Koteletts mit dem Thymian, Salz und Pfeffer beidseitig würzen und auf einem Teller beiseite stellen.

2. Die Zwiebeln abziehen und in Ringe schneiden. Die Äpfel schälen, vierteln, entkernen, feinblättrig schneiden und mit dem Zitronensaft beträufeln.

3. Eine beschichtete Pfanne mit Rapsöl ausreiben, erhitzen und die Koteletts darin rasch von beiden Seiten anbraten. Die Zwiebelringe zugeben, kurz mit anbraten und mit dem Apfelsaft angießen und aufkochen lassen.

4. Die Koteletts wenden und in der geschlossenen

Pfanne bei schwacher Hitze etwa 15 Minuten schmoren lassen. Ab und zu wenden. Zum Schluß die vorbereiteten Äpfel dazugeben und weitere 5 Minuten schmoren.

5. Das Kartoffelmehl in etwas kaltem Wasser anrühren und die Sauce damit binden. Kurz aufkochen und weiterziehen lassen, bis die Äpfel weich sind. Mit Salz, Pfeffer und einem Schuß Apfelessig süßsauer abschmecken und anrichten.

Pro Portion: 13 Fettpunkte • 30 g Kohlenhydrate • 2,5 BE

Grünkohlgemüse mit Kartoffeln und Kasselerwürfeln

300 g Kartoffeln
Jodsalz, Pfeffer aus der Mühle
½ TL Kümmel
300 g Grünkohl oder Wirsing
1 kleine Zwiebel
1 Möhre
½ TL Butterschmalz
300 ml fettfreie Gemüsebrühe
1 Msp. gemahlene Muskatnuß
200 g mageres Kasseler (ohne Knochen)
1 TL Kartoffelmehl

1. Die Kartoffeln gründlich waschen und mit der Schale in Salzwasser mit wenig Kümmel bißfest garen. Abschütten, etwas ausdampfen lassen, pellen und in mundgerechte Stücke schneiden.

2. Grünkohl oder Wirsing putzen, in kochendem Salzwasser blanchieren, abschütten und grob schneiden oder hacken. Zwiebel abziehen und fein würfeln. Möhre schälen und ebenfalls fein würfeln.

3. Wenig Butterschmalz erhitzen, Zwiebelwürfel dazugeben und leicht anbraten. Die Möhrenwürfel beifügen und gleich mit der Brühe angießen, aufkochen lassen und den vorbereiteten Grünkohl oder Wirsing unterheben.

4. Mit Salz, Muskat und Pfeffer würzen und etwa 10 Minuten durchkochen lassen. Inzwischen das Kasseler in daumendicke Würfel schneiden und mit den Kartoffeln untermengen.

5. Bei Bedarf noch etwas Brühe dazugießen und das Ganze erhitzen. Das Kartoffelmehl in ½ Tasse kaltem Wasser glattrühren und unter Rühren in das Gericht geben. Aufkochen lassen, mit Salz und Pfeffer abschmecken und anrichten.

Pro Portion: 11 Fettpunkte • 34 g Kohlenhydrate • 3 BE

Gefüllte Schnitzel vom Schweinerücken

4 Scheiben Schweinerücken à 80 g
Jodsalz, Pfeffer aus der Mühle
20 g Rindersaftschinken
20 g Allgäuer Emmentaler (40 % Fett)
2 Champignonköpfe
1 kleines Kräuterbund (Petersilie, Schnittlauch, Basilikum)
10 g Mehl
1 Ei
40 g Semmelbrösel (Paniermehl)
1 TL Butterschmalz
2 Zitronenscheiben
1 EL frische Kresse zum Garnieren

1. Die Schweineschnitzel unter kaltem Wasser abbrausen, trockentupfen, leicht klopfen und mit Pfeffer und Salz von beiden Seiten würzen.
2. Rindersaftschinken und Käse in kleine Würfel schneiden und vermengen. Champignons putzen und kleinhacken. Die Kräuter waschen, trockenschütteln und ebenfalls fein hacken. Champignons und Kräuter zur Schinken-Käse-Mischung geben, durchmengen und auf 2 der Schnitzel verteilen.
3. Die beiden übrigen Schnitzel darauflegen und in Mehl wenden. Dann mit verquirltem Ei und Semmelbröseln panieren. Wenig Butterschmalz in einer beschichteten Pfanne erhitzen und die gefüllten Schweineschnitzel darin von beiden Seiten knusprig braten.
4. Das Fleisch aus der Pfanne nehmen, kurz auf Küchenkrepp setzen (überschüssiges Fett abtupfen) und auf Tellern anrichten. Mit je einer Zitronenscheibe und frischer Kresse garnieren.

Pro Portion: 20 Fettpunkte • 18 g Kohlenhydrate • 1,5 BE

Hackfleischpfanne mit Nudeln und Gemüse

120 g Spiralnudeln
Jodsalz, Pfeffer aus der Mühle
1 kleine Zwiebel
2 Zucchini
100 g Bambussprossen
1 TL Rapsöl
1 Zweig Rosmarin
300 g Hackfleisch
1 EL Sojasauce

1. Die Spiralnudeln in kochendem Salzwasser nach Packungsanleitung bißfest garen. Anschließend abgießen und beiseite stellen.
2. Die Zwiebel abziehen und fein würfeln. Zucchini waschen, längs halbieren und in feine Scheibchen

schneiden. Bambussprossen kalt abbrausen, trocken-tupfen und in feine Streifen schneiden. Eine be-schichtete Pfanne mit Rapsöl ausreiben und er-hitzen. Rosmarinnadeln hineinzupfen, das Hack-fleisch zugeben und von allen Seiten anbraten.

3. Das Hackfleisch mit dem Pfannenwender dabei krümelig zerkleinern. Zwiebelwürfel, Zucchini-scheibchen und Bambussprossen beifügen und et-wa 5 Minuten mitbraten. Die Nudeln dazugeben, untermengen und mit Salz, Pfeffer und Sojasauce abschmecken.

Pro Portion: 13 Fettpunkte • 46 g Kohlenhydrate • 4 BE

Deftiger Rosenkohlauflauf

300 g Rosenkohl
200 g Möhren
250 ml fettfreie Gemüsebrühe
240 g Schweineschnitzel
Jodsalz, Pfeffer aus der Mühle
1 TL Rapsöl
2 Eier
125 ml Milch (1,5 % Fett)
2 EL saure Sahne (10 % Fett)
40 g geriebener Allgäuer Edamer (30 % Fett)
1 Msp. geriebene Muskatnuß
Butter zum Ausfetten der Form
1 EL gehackte Petersilie

1. Den Rosenkohl putzen, waschen und die Röschen halbieren. Die Möhren waschen, schälen und in Scheiben schneiden. Beides zusammen in der Brühe etwa 2 Minuten dünsten, dann in einem Sieb abtropfen lassen.

2. Den Backofen auf 180 °C vorheizen. Das Schweine-fleisch waschen, mit Küchenkrepp trockentupfen, in dünne Streifen schneiden, salzen und pfeffern.

3. Das Rapsöl in einer beschichteten Pfanne erhitzen und die Schnitzelstreifen darin von allen Seiten an-braten. Die Eier mit der Milch, saurer Sahne und dem Käse verrühren. Die Masse mit Salz, Pfeffer und etwas Muskat würzen.

4. Das Gemüse zusammen mit den Schnitzelstreifen in eine gefettete Auflaufform schichten, mit der Ei-ermasse übergießen und den Auflauf 25-30 Minu-ten bei 180° C im Ofen backen. Vor dem Servieren mit der gewaschenen und gehackten Petersilie be-streuen.

Pro Portion: 20 Fettpunkte • 13 g Kohlenhydrate • 1 BE

Geschnetzelte Hähnchenbrust mit süßsaurem Gemüse

200 g Knollenfenchel

2 Möhren

1 Petersilienwurzel

1 kleiner Apfel

125 ml Apfelsaft

320 g Hähnchenbrustfilet (ohne Haut)

Jodsalz, Pfeffer aus der Mühle

½ TL grüne Pfefferkörner (im Glas)

wenig frischer Ingwer oder Ingwerpulver

mildes Currypulver

1 TL Honig

50 ml Orangensaft

1 Schuß Apfelessig

1. Das Gemüse je nach Art putzen, waschen, schälen und in Scheibchen schneiden. Den Apfel schälen, entkernen, vierteln und feinblättrig schneiden. Eine beschichtete Pfanne erhitzen und darin alles mit dem Apfelsaft etwa 6-8 Minuten bißfest dünsten.

2. Inzwischen die Hähnchenbrust in Streifen schneiden. Eine beschichtete Pfanne ohne Fettzugabe erhitzen und die Hähnchenbruststreifen rasch von allen Seiten anbraten. Mit Pfeffer und Salz würzen.

3. Das Gemüse mit grünen Pfefferkörnern, wenig frisch geriebenem Ingwer und Currypulver würzen. Den Honig und etwas Orangensaft beifügen und kurze Zeit reduzieren lassen.

4. Zum Schluß die gebratenen Hähnchenbruststreifen zugeben und das Gericht mit Apfelessig, Salz und Pfeffer süßsauer abschmecken.

Pro Portion: 3 Fettpunkte • 22 g Kohlenhydrate • 2 BE

Fettspar-Tip

Geflügelfleisch überzeugt nicht nur durch den Geschmack: Wie Rind- oder Schweinefleisch ist es reich an Eiweiß, Vitaminen (vor allem Vitamin B_1 und B_2) und Spurenelementen (vor allem Eisen und Zink). Aber durch seinen geringen Fettgehalt (ca.1% Fett bei Geflügelbrust ohne Haut) ist Geflügelfleisch ein besonders fettsparsamer Genuß und für die leichte Küche besonders zu empfehlen.

Truthahnbrust im Spinatmantel

50 g Weißbrot oder Toast

1 Ei

80 g Magerquark

100 g Champignons

½ TL Butter

Jodsalz, Pfeffer aus der Mühle

200 g frischer Blattspinat

320 g Truthahnbrust (ohne Haut)

Geflügelgewürzmischung

weißer Pfeffer

1 kleines Schweinenetz (beim Metzger vorbestellen)

250 ml fettfreie Fleischbrühe

1. Das Weißbrot zerkleinern und mit dem Ei und dem Quark vermengen. Die Champignons putzen, in Scheiben schneiden und in wenig zerschmolzener Butter andünsten. Erkalten lassen und zur Quarkmasse geben. Mit Salz und Pfeffer kräftig würzen.

2. Den Spinat kurz blanchieren und kalt abschrecken.

Die Truthahnbrust von allen Seiten mit Geflügelgewürz, Salz und weißem Pfeffer würzen. Die Spinatblätter nebeneinander auf das gut gewässerte und getrocknete Schweinenetz legen.

3. Einen Teil der Füllung auf die Spinatblätter verteilen und die vorbereitete Truthahnbrust darauf legen. Den Rest der Füllung verteilen, mit Spinatblättern belegen und ganz mit dem Schweinenetz umhüllen.

4. Eine beschichtete Bratpfanne erhitzen und die eingehüllte Truthahnbrust darin leicht anbraten. Mit der Fleischbrühe angießen und im Ofen bei 180 °C etwa 30-40 Minuten braten, ab und zu wenden. Die fertig gebratene Truthahnbrust herausnehmen, in Scheiben schneiden und anrichten.

Pro Portion: 7 Fettpunkte • 17 g Kohlenhydrate • 1,5 BE

Truthahn-Gemüse-Topf

320 g Putenbrust (ohne Haut)
Salz, Pfeffer aus der Mühle
½ TL Butterschmalz
½ l fettfreie Gemüsebrühe
300 g Gemüse (Möhren, Kohlrabi, Broccoli)
250 g Kartoffeln
1 kleines Kräuterbund (Oregano, Petersilie, Salbei, Schnittlauch)

1. Putenbrust unter kaltem Wasser abbrausen, trockentupfen und in mundgerechte Würfel schneiden. Mit wenig Salz und Pfeffer würzen.

2. In einem Topf Butterschmalz erhitzen und die Putenwürfel darin von allen Seiten anbraten. Mit Gemüsebrühe auffüllen und aufkochen lassen.

3. Das Gemüse je nach Art waschen, putzen, schälen und in mundgerechte Stücke schneiden. Kartoffeln schälen, ebenfalls würfeln und in den Topf geben.

4. Die Kräuter abbrausen, trockenschütteln, fein hacken und zufügen. Das Ganze bei mäßiger Hitze etwa 20-25 Minuten bißfest garen. Abschmecken und anrichten.

Pro Portion: 3 Fettpunkte • 26 g Kohlenhydrate • 2 BE

Putenbruststreifen mit Paprikagemüse

320 g Putenbrust (ohne Haut)

1 kleine Zwiebel

2 rote Paprikaschoten

1 gelbe Paprikaschote

100 g Champignons

wenig Rapsöl zum Ausreiben der Pfanne

250 ml entfettete Fleischbrühe

1 kleines Bund Kräuter (Schnittlauch, Rosmarin, Basilikum, Kerbel)

1 TL Kartoffelmehl

1 EL Sahne

½ TL Paprikapulver

Jodsalz, Pfeffer aus der Mühle

1. Die Putenbrust unter kaltem Wasser abbrausen, trockentupfen und in Streifen schneiden. Die Zwiebel abziehen und fein würfeln. Paprikaschoten waschen, putzen und kleinschneiden.

2. Die Champignons putzen und ebenfalls in kleine Würfel schneiden. Eine beschichtete Pfanne mit Rapsöl ausreiben, erhitzen und die Zwiebelwürfel darin anbraten. Die vorbereiteten Putenbruststreifen zugeben, mit Pfeffer würzen und unter Rühren anbraten

3. Paprikawürfel und die Champignons zufügen und mit der Brühe angießen. Die Kräuter unter kaltem Wasser abbrausen, trockenschütteln, fein hacken und unter das Geschnetzelte rühren.

4. Das Kartoffelmehl in wenig kaltem Wasser glattrühren und das Geschnetzelte damit sämig binden. Mit der Sahne verfeinern und mit Paprikapulver, Salz und Pfeffer abschmecken und anrichten.

Pro Portion: 5 Fettpunkte • 20 g Kohlenhydrate • 2 BE

Hähnchenleberspieße mit Salbei-Aprikosen

8 getrocknete Aprikosen

125 ml Apfelwein

1 Lorbeerblatt

2 Zweige Salbei

280 g Hähnchenleber

1 EL Mehl zum Wenden

wenig Rapsöl zum Ausreiben der Pfanne

Jodsalz, Pfeffer aus der Mühle

1 TL Kartoffelmehl

1. Die Aprikosen der Länge nach halbieren und beiseite stellen. Apfelwein mit dem Lorbeerblatt in einem kleinen Topf aufkochen und vom Herd nehmen. Die vorbereiteten Aprikosenhälften darin etwa 1 Stunde quellen lassen.

2. Inzwischen die Salbeizweige abbrausen, trocken-

schütteln und die Blätter abzupfen. Die Hähnchenleber unter kaltem Wasser abbrausen, etwas abtropfen lassen, dann mit Küchenkrepp trockentupfen
und in Mehl wenden.

3. Die Aprikosen in einem Sieb abtropfen lassen, den
Sud aufheben und das Lorbeerblatt entfernen. Eine
beschichtete Pfanne mit Rapsöl ausreiben, erhitzen
und die Leber darin rundherum knusprig braten.
Mit Salz und Pfeffer kräftig würzen und herausnehmen.

4. Hähnchenleber, Aprikosenstücke und Salbei abwechselnd auf Spieße stecken. Den Bratfond mit
dem Aprikosensud erhitzen. Kartoffelmehl in wenig Wasser glattrühren und die Sauce damit binden.
Dann aufkochen lassen und mit Salz und Pfeffer
abschmecken.

5. Die Spieße in die Sauce legen und darin etwa
5 Minuten bei mittlerer Hitze erwärmen. Die
Spieße herausnehmen, anrichten und mit der
Sauce übergießen.

Pro Portion: 8 Fettpunkte • 26 g Kohlenhydrate • 2 BE

Hähnchenkeulen mit Artischocken

4 Hähnchenkeulen à 120 g
Jodsalz, Pfeffer aus der Mühle
1 Knoblauchzehe
200 ml Orangensaft
125 ml trockener Weißwein
8 Artischockenherzen (Glas)
1 TL Kartoffelmehl

1. Die Keulen unter kaltem Wasser abbrausen, trockentupfen, mit Salz und Pfeffer würzen. Knoblauch ab
ziehen, fein hacken, mit dem Orangensaft vermen
gen und über die Keulen in einer Schüssel gießen.
Zugedeckt etwa 2 Stunden kalt stellen.

2. Die Keulen mit der Marinade in einer beschichteten Pfanne erhitzen. Den Weißwein zufügen und
zugedeckt etwa 20 Minuten dämpfen lassen, ab und
zu wenden. Die Artischockenherzen vierteln, dazugeben und alles etwa weitere 10 Minuten dämpfen,
bis das Fleisch gar ist.

3. Das Kartoffelmehl in kaltem Wasser anrühren und
die Sauce damit binden, aufkochen lassen und mit
Salz und Pfeffer abschmecken. Die Hähnchenkeulen mit den Artischocken anrichten und mit der
Sauce übergießen.

Pro Portion: 8 Fettpunkte • 17 g Kohlenhydrate • 1,5 BE

Gemüsepfanne mit Hähnchen aus dem Wok

320 g Hähnchenbrust (ohne Haut)
Jodsalz, Pfeffer aus der Mühle
80 g Austernpilze
1 Zucchini
1 rote Paprikaschote
1 gelbe Paprikaschote
60 g Kaiserschoten
200 g Chinakohl
1 TL Olivenöl
20 ml trockener Weißwein
½ TL grüne Pfefferkörner (im Glas)

1. Die Hähnchenbrust mit kaltem Wasser abbrausen, trockentupfen und in feine Streifen schneiden. Mit Salz und Pfeffer würzen.
2. Austernpilze putzen und in Streifen schneiden. Zucchini und Paprikaschoten waschen, putzen und ebenfalls in Streifen schneiden. Kaiserschoten putzen und schräg halbieren, Chinakohl in Streifen schneiden.
3. Das Olivenöl im Wok erhitzen und die Hähnchenbruststreifen darin scharf anbraten. Dabei sollten Sie darauf achten, daß das Fleisch gut im Wok verteilt ist, damit es nicht zuviel Wasser zieht.
4. Das vorbereitete Gemüse nach und nach in den Wok geben und unter ständigem Rühren dünsten.

Zum Schluß mit Weißwein ablöschen und mit grünen Pfefferkörnern verfeinern. Mit Salz und Pfeffer abschmecken und anrichten.

Pro Portion: 5 Fettpunkte • 18 g Kohlenhydrate • 1,5 BE

Blumenkohl und Hähnchenbrust in Edelpilzkäsesauce

320 g Hähnchenbrustfilet
Jodsalz, Pfeffer aus der Mühle
1 EL Weizenmehl
wenig Rapsöl zum Ausreiben der Pfanne
300 g Blumenkohl
200 g Broccoli
200 ml fettfreie Gemüsebrühe
einige Tropfen Zitronensaft
einige Tropfen Worcestersauce
1 EL Sahne (10 % Fett)
30 g Edelpilzkäse
1 Msp. gemahlene Muskatnuß

1. Hähnchenfleisch unter kaltem Wasser abbrausen, trockentupfen und in Streifen schneiden. Mit Salz und Pfeffer kräftig würzen und dann mit dem Mehl bestäuben.
2. Eine beschichtete Pfanne mit Rapsöl ausreiben, erhitzen und das Fleisch darin rasch von allen Seiten

anbraten, herausnehmen und warm stellen. Blumenkohl und Broccoli putzen, in Röschen teilen, in das Bratfett geben und unter Rühren anbraten.

3. Die Gemüsebrühe dazugießen und zum Kochen bringen. Die Hähnchenbruststreifen wieder beifügen und erhitzen, aber nicht mehr kochen lassen. Mit Zitronensaft, Worcestersauce und Sahne verfeinern.

4. Den Edelpilzkäse in kleine Würfel schneiden, dazugeben und unter Rühren schmelzen lassen. Das Geschnetzelte mit Salz, Pfeffer und wenig Muskat abschmecken und anrichten.

Pro Portion: 8 Fettpunkte • 8 g Kohlenhydrate • 1,5 BE

Geschmorter Kaninchenrücken mit Pflaumensauce

6 Wacholderbeeren

300 g Kaninchenrücken (ohne Haut und Knochen)

Jodsalz, Pfeffer aus der Mühle

Zitronenschale (unbehandelt)

2 Scheiben mageren Frühstücksspeck (16 g)

1 Zwiebel

120 g Pflaumen

wenig Rapsöl zum Ausreiben der Pfanne

200 ml Bratensaft

50 ml trockener Weißwein

1 TL Ahornsirup

1 Schuß Apfelessig

1. Die Wacholderbeeren im Mörser grob zerstoßen. Den Kaninchenrücken unter kaltem Wasser abbrausen, trockentupfen und mit Salz, Pfeffer, gehackter Zitronenschale und den zerstoßenen Wacholderbeeren einreiben.

2. Das Kaninchenfilet fest mit dem Frühstücksspeck umwickeln und mit Holzspießchen feststecken. Die Zwiebel abziehen und fein würfeln. Die Pflaumen waschen, Stiele und Steine entfernen und in Streifen schneiden.

3. Eine Schmorpfanne mit wenig Rapsöl ausreiben, erhitzen und die Zwiebelwürfel darin glasig anbraten. Mit Bratensaft und Weißwein angießen, aufkochen lassen und das Kaninchenfleisch vorsichtig dazulegen.

4. Die Pflaumenstreifen beifügen und alles zugedeckt bei schwacher Hitze etwa 20-25 Minuten schmoren lassen, ab und zu wenden. Das Kaninchenfilet aus der Sauce heben, Holzspießchen entfernen und schräg in dünne Scheiben schneiden.

5. Die Pflaumensauce mit Ahornsirup, Apfelessig, Salz und Pfeffer süßsauer abschmecken. Das Fleisch auf Tellern anrichten und mit der Pflaumensauce umgießen.

Pro Portion: 9 Fettpunkte • 12 g Kohlenhydrate • 1 BE

Gedämpfter Mangold mit Scheiben vom Lammrücken

320 g magerer Lammrücken (ohne Knochen)
Jodsalz, Pfeffer aus der Mühle
300 g Mangold
1 Tomate
1 kleines Bund Basilikum
1 Knoblauchzehe
1 Schalotte
½ TL Olivenöl
125 ml Gemüsebrühe
125 ml Mineralwasser

1. Das Lammfleisch unter kaltem Wasser abbrausen, trockentupfen, in 4 Scheiben schneiden und leicht klopfen. Mit Salz und Pfeffer würzen.
2. Mangold putzen, waschen und in feine Streifen schneiden. Die Tomate kurz blanchieren, dann die Haut abziehen, vierteln, entkernen und das Fruchtfleisch würfeln.
3. Die Basilikumblätter von den Stielen zupfen, waschen und fein schneiden.
   Knoblauch und die Schalotte abziehen und fein hacken. Tomatenwürfel, den Knoblauch, das Basilikum und die feingewürfelten Schalotten im Olivenöl kurz andünsten, dann die Masse auf die Fleischscheiben streichen.
4. Die Gemüsebrühe und etwa die gleiche Menge

Mineralwasser in einen Dämpftopf geben und erhitzen. Mangold in das Dämpfsieb legen und kurz andämpfen. Die Lammkoteletts darauf legen und alles zusammen weitere 10-15 Minuten dämpfen.

Pro Portion: 12 Fettpunkte • 7 g Kohlenhydrate • 0,5 BE

Profi-Tip

Lammfleisch ist reich an Eiweiß, Kalium, Magnesium, Eisen, Vitamin B$_1$, Niacin und außerdem sehr fettarm. Es sollte nur als Frischfleisch, am besten aus Ihrer Region, verwendet werden. Der geringe Fettanteil führt dazu, daß das Fleisch bei der Zubereitung schnell trocken werden kann: Kurze Brat- oder Garzeiten, nicht allzu große Hitze und wenig Salz verhindern das.

Geschnetzelter Hasenrücken mit Nudeln und Pilzen

1 kleine Zwiebel
1 Möhre
100 g Knollensellerie
Knochen von Hasenrücken
½ TL Butterschmalz
1 TL Tomatenmark
125 ml Rotwein
120 g Bandnudeln
320 g Wildhasenrücken
100 g Pfifferlinge, Champignons, Austernpilze
wenig Rapsöl zum Ausreiben der Pfanne
Jodsalz, Pfeffer aus der Mühle
1 EL frisch gehackte Kräuter (Petersilie, Thymian, Rosmarin)
1 TL Preiselbeeren

1. Für den Fond die Zwiebel schälen und grob hacken, die Möhre und den Sellerie schälen und kleinschneiden. Die Knochen in wenig Butterschmalz bei starker Hitze anbraten. Nach und nach das vorbereitete Gemüse dazugeben und 10 Minuten bei mittlerer Hitze mitrösten.

2. Das Tomatenmark untermischen. Alles mit dem Rotwein ablöschen und 5 Minuten offen einkochen lassen. Mit 500 ml Wasser angießen, aufkochen und alles etwa 1 Stunde offen bei schwacher Hitze um die Hälfte einköcheln lassen.

3. Reichlich Salzwasser aufkochen lassen und die Bandnudeln darin nach Packungsanleitung bißfest kochen. Abschütten, mit kaltem Wasser abschrecken und beiseite stellen.

4. Das Hasenfleisch waschen, trockentupfen und schnetzeln. Die Pilze verlesen und in Stücke schneiden. Eine beschichtete Pfanne mit Rapsöl ausreiben, erhitzen und das kleingeschnittene Fleisch darin 3 Minuten anbraten, die Pilze zufügen, salzen, pfeffern und vom Herd nehmen.

5. Den Fond durch ein Sieb passieren und zum gebratenen Hasenfleisch geben. Die Kräuter feinhacken und mit den Nudeln zugeben. Das Gericht aufkochen lassen und mit Salz, Pfeffer und Preiselbeeren abschmecken.

Pro Portion: 9 Fettpunkte • 50 g Kohlenhydrate • 4 BE

Mariniertes Rehsteak in Pfifferlingsauce

2 Rehsteaks aus der Keule à 160 g
1 TL Balsamessig
2 EL Rotwein
½ TL Butterschmalz
Jodsalz, Pfeffer aus der Mühle
1 Zweig frischer Thymian
1 Zweig frischer Rosmarin
1 TL Mehl
125 ml Bratensaft
120 g Pfifferlinge (Glas)
2 EL saure Sahne (10 % Fett)

1. Die Rehsteaks unter kaltem Wasser abbrausen und mit Küchenpapier trockentupfen. In einem Teller mit Essig und Rotwein übergießen und etwa 30 Minuten marinieren.
2. Das Fleisch herausnehmen, trockentupfen und in heißem Butterschmalz rasch braten. Mit Salz, Pfeffer würzen. Thymian und Rosmarin waschen, trockenschütteln und die Blättchen in die Pfanne zupfen.
3. Das Mehl darüberstäuben, kurz mitrösten und mit dem Bratensaft auffüllen. Die Pfifferlinge abtropfen lassen und dazugeben. Die Sauce mit der sauren Sahne und den Kräutern verfeinern und mit Salz und Pfeffer abschmecken. Die Steaks anrichten, mit der Sauce überziehen und servieren.

Pro Portion: 12 Fettpunkte • 7 g Kohlenhydrate • 0,5 BE

Vegetarische Hauptgerichte

Spaghetti mit pikantem Kürbisragout

Vegetarische Hauptgerichte

Fleischloser und besonders fettarmer Genuß für jeden Geschmack – vegetarisch und gesund ist nicht gleich langweilig und fad. Die folgenden Rezepte beweisen es:

Gratinierte Gurken

2 kleine Schlangengurken à 300 g
Jodsalz, Pfeffer aus der Mühle
1 Schalotte
1 TL Butter
20 g Semmelbrösel
1 Ei
1 Msp. gemahlene Muskatnuß
20 g geriebener Bergkäse (30 % Fett)

1. Die Gurken schälen, putzen und der Länge nach halbieren. Kurz in kochendem Salzwasser blanchieren und anschließend mit einem Teelöffel das Fruchtfleisch für die Füllung herausschaben.
2. Die Schalotte abziehen, fein hacken und in zerschmolzener Butter andünsten. Die Semmelbrösel zufügen und kurz anrösten. Das Fruchtfleisch der Gurke mit der Zwiebel-Semmelbrösel-Mischung verrühren.
3. Das Ei dazugeben und alles gut vermischen, bis eine feste Masse entstanden ist. Bei Bedarf noch et-was Semmelbrösel unterrühren. Mit Muskat, Pfeffer und Salz kräftig würzen.
4. Die Gurkenhälften mit der Masse füllen und mit dem geriebenen Käse bestreuen. In eine leicht gefettete Auflaufform geben und im vorgeheizten Backofen bei 200 °C etwa 20-25 Minuten garen.

Pro Portion: 9 Fettpunkte • 14 g Kohlenhydrate • 1 BE

Gemüsemaultaschen

250 g Mehl (Type 1050)
1 Ei
1 Eigelb
1 EL Rapsöl
Jodsalz, Pfeffer aus der Mühle
1 Msp. geriebene Muskatnuß
2 Frühlingszwiebeln
100 g Kohlrabi
1 Möhre
½ TL Butter
1 Eiweiß zum Bestreichen

1. Aus Mehl, Ei und Eigelb, Öl, Salz, Muskat und 2-3 EL lauwarmem Wasser einen festen Nudelteig herstellen. In Folie gewickelt einige Stunden ruhen lassen.
2. Inzwischen die Frühlingszwiebeln waschen, putzen

und fein würfeln. Kohlrabi und Möhren schälen und ebenfalls fein würfeln. Butter in einer beschichteten Pfanne schmelzen und das Gemüse darin angehen lassen. Mit Salz und Pfeffer würzen.

3. Den Nudelteig auf einer leicht bemehlten Fläche dünn ausrollen, in Rechtecke schneiden und die Ränder mit verquirltem Eiweiß bestreichen. Die Gemüsefüllung in die Mitte der unteren Teighälften geben und die oberen Teighälften darüber klappen.

4. Die Ränder mit den Zinken einer Gabel gut festdrücken. Reichlich leicht gesalzenes Wasser zum Kochen bringen und die Maultaschen darin in 12-15 Minuten garen, herausnehmen und anrichten.

Pro Portion: 13 Fettpunkte • 86 g Kohlenhydrate • 7 BE

Gemüselasagne

120 g grüne Lasagneblätter
1 Knoblauchzehe
3 Tomaten
1 EL Tomatenmark
1 EL Vollkornmehl
1 Zwiebel
100 g Champignons
2 Zucchini
½ TL Rapsöl

1 EL frisch gehackte Kräuter (Thymian, Basilikum, Oregano)
Jodsalz, Pfeffer aus der Mühle
30 g geriebener Gouda (30 % Fett)

1. Die Lasagneblätter nach Packungsanleitung in Salzwasser bißfest garen. Herausnehmen und mit kaltem Wasser abschrecken.

2. Die Knoblauchzehe abziehen und fein hacken. Die Tomaten waschen, vom Stielansatz befreien und pürieren. Mit dem Tomatenmark aufkochen und die Sauce mit der Hälfte des Mehls binden. Dazu das Mehl mit wenig Wasser verrühren, zu den Tomaten geben und die Sauce kurz aufkochen lassen.

3. Die Zwiebel schälen und fein würfeln. Champignons in Scheiben schneiden und die Zucchini fein raspeln. Zwiebel im Rapsöl glasig dünsten, dann die Champignons und die Zucchiniraspeln beifügen und ebenfalls bißfest dünsten.
Das Gemüse mit dem restlichen Mehl binden und mit den gehackten Kräutern sowie Salz und Pfeffer abschmecken.

4. Das Gemüse abwechselnd mit der Tomatensauce und den Nudelplatten in eine ausgefettete Auflaufform schichten. Den Käse darüberstreuen und die Gemüselasagne im Backofen bei 180 °C etwa 20-25 Minuten backen.

Pro Portion: 8 Fettpunkte • 56 g Kohlenhydrate • 5 BE

Chinakohlröllchen mit Brötchenfüllung

12 Chinakohlblätter
Jodsalz, Pfeffer aus der Mühle
2 Brötchen, 1 Ei
80 g Magerquark, 80 g Champignons
1 EL gehackte Petersilie
6 kleine Scheiben Edamer (à 10 g, 30 % Fett)
200 ml Tomatensaft, 200 ml fettfreie Gemüsebrühe

1. Die Chinakohlblätter in kochendem Salzwasser kurz blanchieren, mit kaltem Wasser abschrecken und abkühlen lassen.
2. Die Brötchen in dünne Scheiben schneiden und mit dem Ei, dem Quark, den kleingehackten Champignons und der Petersilie gut vermengen. Mit Salz und Pfeffer kräftig würzen.
3. Je 2 Chinakohlblätter übereinanderlegen, mit je einer Käsescheibe belegen und darauf die Semmelmasse streichen. Das Ganze zu einer Roulade aufrollen und mit einem Bindfaden befestigen.
4. Die Chinakohlröllchen in eine beschichtete Pfanne setzen, mit Tomatensaft und der Gemüsebrühe angießen und im vorgeheizten Ofen bei 180 ° C etwa 20-25 Minuten fertig garen. Die Tomatensauce mit Jodsalz und Pfeffer abschmecken und dazu reichen.

Pro Portion: 9 Fettpunkte • 36 g Kohlenhydrate • 3 BE

Shiitakegemüse mit gebratenen Reisplätzchen

120 g Langkornreis
Jodsalz, Pfeffer aus der Mühle
120 g Shiitakepilze
1 Stange Lauch (250 g)
1 Möhre
60 g Sojabohnensprossen
1 Stück frischer Ingwer
1 TL Rapsöl
1 EL Sojasauce
wenig Honig
1 Eiweiß

1. Den Reis nach Packungsanleitung in Salzwasser etwa 20 Minuten kochen, in ein Sieb schütten, mit kaltem Wasser abschrecken und beiseite stellen.
2. Die Shiitakepilze putzen und kleinschneiden. Lauch waschen und in Ringe, Möhre schälen und in feine Streifen schneiden. Sojasprossen waschen und auf einem Sieb abtropfen lassen. Ingwer schälen und fein würfeln.
3. Eine beschichtete Pfanne mit Rapsöl ausreiben, erhitzen und das Gemüse, bis auf die Sojasprossen und Ingwer, kurz anschwitzen und bißfest garen. Die Sprossen und den Ingwer zum Schluß zufügen und mit Sojasauce, Salz, Pfeffer und wenig Honig das Gemüse süßsauer abschmecken.

4. Das Eiweiß aufschlagen, unter den Reis rühren und leicht salzen. In heißem Rapsöl kleine Plätzchen beidseitig braten und warm stellen. Das Gemüse mit den Reisplätzchen anrichten.

Pro Portion: 5 Fettpunkte • 27 g Kohlenhydrate • 2 BE

Gefüllte Paprikaschoten

90 g Naturreis
Jodsalz, Pfeffer aus der Mühle
2 Tomaten
1 kleine Zwiebel
1 kleines Bund Petersilie
40 g deutscher Gouda (30 % Fett)
4 kleine gelbe Paprikaschoten
300 ml Tomatensaft
etwas Kartoffelmehl

1. Den Reis in kochendem Salzwasser etwa 30 Minuten bißfest garen und abschütten.
2. Tomaten kurz brühen, enthäuten, vierteilen, die Kerne entfernen und das Fruchtfleisch fein würfeln. Die Zwiebel abziehen und fein würfeln. Petersilie unter kaltem Wasser abbrausen, trockenschütteln und fein hacken.
3. Tomatenwürfeln, Zwiebeln und Petersilie unter den Reis mischen. Mit Salz und Pfeffer würzen. Den Käse reiben und zum Schluß unter die Reismasse mengen. Die Paprikaschoten waschen, oben etwa 1 cm hohen Deckel abschneiden und die Kerne entfernen.
4. Die Paprikaschoten mit der Reismasse füllen und in eine Auflaufform stellen. Die Schotendeckel aufsetzen, mit Tomatensaft angießen und im vorgeheizten Ofen bei 160 °C etwa 25-30 Minuten garen.
Nach etwa 10 Minuten mit Alufolie abdecken und fertig dämpfen lassen.
5. Die Paprikaschoten auf Tellern anrichten. Den Tomatensud leicht mit Kartoffelmehl binden und mit Salz und Pfeffer abschmecken. Die Tomatensauce über die Schoten gießen und servieren.

Pro Portion: 9 Fettpunkte • 72 g Kohlenhydrate • 6 BE

Möhren-Quark-Bratlinge

300 g Möhren
100-150 ml Gemüsebrühe
1 Zweig Rosmarin
Jodsalz, Pfeffer aus der Mühle
80 g Magerquark
20 g Haferflocken
30 g geriebener deutscher Gouda (30 % Fett)
1 EL gehackte Petersilie
wenig Rapsöl zum Ausreiben der Pfanne

1. Die Möhren waschen, schälen und fein würfeln. In wenig Gemüsebrühe zusammen mit dem Rosmarinzweig und etwas Salz bißfest garen.
2. Anschließend mit dem Quark in einem Mixer pürieren. Haferflocken, Gouda und Petersilie dazugeben und alles gut miteinander vermischen. Mit Salz und Pfeffer kräftig abschmecken.
3. Aus dieser Masse 6 kleine Bratlinge formen. Eine beschichtete Pfanne mit Rapsöl ausreiben, erhitzen und die Bratlinge darin von beiden Seiten etwa 4-5 Minuten goldbraun braten.

Pro Portion: 6 Fettpunkte • 15 g Kohlenhydrate • 1 BE

Spaghetti
mit pikantem Kürbisragout

120 g Spaghetti

Jodsalz, Pfeffer aus der Mühle

100 g Broccoliröschen

200 g Kürbis

1 rote Paprikaschote

2 Champignons

100 ml fettfreie Gemüsebrühe

1 Msp. gemahlener Koriander

2 Dillzweige

1 EL Kaffeesahne (10 % Fett)

1. Spaghetti nach Packungsanleitung in reichlich Salzwasser bißfest garen, abschütten, mit kaltem Wasser abschrecken und abtropfen lassen.

2. Den Broccoli waschen, putzen und in Röschen teilen. Kürbis schälen und fein würfeln. Salzwasser zum Kochen bringen und das Gemüse darin blanchieren.

3. Paprikaschote entkernen, waschen und würfeln. Champignons in kleine Würfel schneiden und in einer Pfanne mit wenig Brühe andünsten. Broccoli, Kürbis und Paprikaschoten dazugeben. Mit Salz, Pfeffer und Koriander würzen.

4. Mit der restlichen Brühe auffüllen und das Ganze reduzieren lassen, bis die Flüssigkeit gerade noch den Boden bedeckt. Dillspitzen von den Zweigen zupfen, kleinschneiden und mit etwas Kaffeesahne zum Gemüse geben. Die Nudeln dazugeben, erhitzen, falls nötig etwas nachwürzen und anrichten.

Pro Portion: 1 Fettpunkt • 15 g Kohlenhydrate • 1 BE

Nachspeisen und Gebäck

Baiser-Torte mit Kiwis

Nachspeisen und Gebäck

Gehören Sie auch zu den Menschen, für die ein gutes Mahl erst mit einer „süßen Sünde" abschließt? Die folgenden Rezepte sollen Ihnen zeigen, daß die natürliche Süße und das Aroma reifer Früchte den Geschmack manch einer eigentlich fettreichen Nachspeise voll ersetzen. Aber auch leckere Kuchen und Torten für die Kaffeetafel werden wir Ihnen im folgenden Kapitel vorstellen. Denn Leckereien müssen keine Sünden sein: fettreduziert zubereitet und in Maßen genossen finden sie Platz in jedem Speiseplan – ohne das Fettkonto übermäßig zu belasten.

Quarkstrudel mit Zwetschgen

150 g Weizenmehl (Type 405)
1 Ei
1 TL Rapsöl
300 g Zwetschgen
500 g Magerquark
2 Eigelb
2 EL Weizengrieß
1 EL Zucker
1 EL geriebene Nüsse
1 Eiweiß

1. Aus Mehl, dem Ei, Rapsöl und etwa 90 ml lauwarmem Wasser einen glatten Strudelteig herstellen.Kurze Zeit im Kühlschrank ruhen lassen und dann ganz dünn auf einem Küchentuch ausrollen. Die Zwetschgen waschen, entsteinen und vierteln.
2. Den Quark mit den Eigelben, dem Grieß, dem Zucker und den geriebenen Nüssen verrühren und auf dem Strudelteig dünn verstreichen. Das Strudelende mit verquirltem Eiweiß bestreichen.
3. Anschließend mit den vorbereiteten Zwetschgen belegen und mit Hilfe des Küchentuchs zusammenrollen. Die seitlichen Enden nach unten klappen und den Strudel auf ein gefettetes Backblech legen.
4. Die Oberfläche ebenfalls mit etwas Eiweiß bestreichen und anschließend im vorgeheizten Backofen bei 180-200 °C etwa 25-30 Minuten backen.

Pro Portion: 14 Fettpunkte • 94 g Kohlenhydrate • 8 BE

Fettspar-Tip

Milchprodukte wie Quark, Buttermilch, Joghurt, Kefir, Dickmilch, körniger Frischkäse, Schichtkäse und Quark sind ideale tägliche Fitmacher: Sie enthalten wertvolles Eiweiß, fettlösliche Vitamine wie A, E, K und der B-Gruppe sowie das für Knochen und Zähne wichtige Calcium.

Speisequark ist dabei der Alleskönner, weil eines der eiweißreichsten Lebensmittel überhaupt: Magerquark bringt es auf rund 12 % Eiweiß - fast viermal soviel wie in der Rohmilch. Speisequark kann in allen Fettstufen hergestellt werden: in (milchweißen) Magerstufen unter 10 %, Halbfettstufen von 20 % und (rahmgelben) Fettstufen mit 40 % Fett i. Tr.

Kefir-Kaltschale mit Sommerbeeren

400 g frische Sommerbeeren
etwas frische Minze
200 ml Kefir (1,5 % Fett)
1 EL Ahornsirup
1 TL Zitronensaft

1. Beeren waschen, verlesen und putzen. Die Hälfte der Beeren mit den abgezupften Minzeblättchen im Mixer fein pürieren.
2. Den Kefir unter das Beerenmus rühren und mit Ahornsirup und Zitronensaft abschmecken. Die restlichen Beeren unterrühren und kalt stellen.

Pro Portion: 1 Fettpunkt • 74 g Kohlenhydrate • 6 BE

Exotischer Fruchtsalat mit Melone

250 g Wassermelone
200 g Ananas
50 g Brombeeren
1 Pfirsich
1 Kiwi
4 Litschis
1 Orange
1 Limette (unbehandelt)
1 cl Orangenlikör
1 TL Ahornsirup
1 kleiner Bund Minze

1. Die Melone schälen und entkernen, Ananas schälen und den Strunk herausschneiden. Die Früchte in kleine Stücke schneiden. Die Brombeeren vorsichtig waschen und gut abtropfen lassen.

2. Pfirsich gründlich waschen, trockenreiben, halbieren, entkernen und das Fruchtfleisch in feine Spalten schneiden. Die Kiwi schälen und in dünne Scheiben schneiden.

3. Die Litschis schälen und alle Früchte in einer großen Schüssel vorsichtig mischen. Die Orange und Limette auspressen, eventuell etwas Limettenschale zur Dekoration aufheben.

4. Den Saft mit dem Likör vermischen und mit dem Sirup abschmecken. Die Marinade über die Früchte geben und einige Minuten im Kühlschrank durchziehen lassen.

5. Die Minze abbrausen, trockenschütteln und die Blättchen abzupfen. Den Fruchtsalat auf Dessertteller verteilen und mit Minzeblättchen garnieren.

Pro Portion: 1 Fettpunkt • 46 g Kohlenhydrate • 4 BE

Apfel-Zwetschgen-Terrine

(für 4 Personen)

6 Blatt weiße Gelatine
2 Äpfel, 400 g Zwetschgen
50 g Zucker
500 ml klarer Apfelsaft
1 Zimtstange
frische Minze zum Garnieren

1. Die Gelatine in kaltem Wasser einweichen. Äpfel schälen, entkernen und in Spalten schneiden. Zwetschgen waschen, 4 schöne zurücklegen, die restlichen entkernen und vierteln.

2. Den Zucker im Apfelsaft auflösen und mit der Zimtstange aufkochen. Apfelspalten und die vorbereiteten Zwetschgen dazugeben und 1-2 Minuten bei mittlerer Hitze dünsten, Früchte herausnehmen und beiseite stellen. Zimtstange entfernen.

3. Gelatine ausdrücken und im heißen Saft auflösen. Früchte zufügen, evtl. nachsüßen und in eine Terrinenform ($^{3}/_{4}$ l) füllen. Im Kühlschrank 4 Stunden oder über Nacht erstarren lassen.

4. Mit einem Messer die Terrine aus der Form lösen und auf eine Platte stürzen. In Scheiben schneiden und anrichten. Mit je einer fächerartig aufgeschnittenen Zwetschge und frischer Minze garnieren.

Pro Portion: 1 Fettpunkt • 42 g Kohlenhydrate • 3,5 BE

Erdbeer-Rhabarber-Kompott

2 Stangen Rhabarber (400 g)
125 ml Kirschsaft
20 g Zucker
100 g Erdbeeren
1 TL Vanillezucker
Zitronenmelisse zum Garnieren

1. Rhabarber putzen, waschen, abziehen und in etwa 1 cm lange Stücke schneiden. Mit dem Kirschsaft und dem Zucker in einem Topf erhitzen und einige Minuten bei mittlerer Hitze weichdünsten.
2. Die Erdbeeren waschen, putzen, in Scheiben schneiden und unter das Kompott geben mit Vanillezucker nachsüßen und in Dessertschälchen füllen. Mit Zitronenmelisse garnieren.

Pro Portion: 0 Fettpunkte • 24 g Kohlenhydrate • 2 BE

Dickmilchcreme mit Heidelbeeren

3 Blatt weiße Gelatine
125 ml Buttermilch (1,5 % Fett)
150 ml Dickmilch (1,5 % Fett)
1 EL Honig
1 Eiweiß
80 g Heidelbeeren
1 TL Staubzucker
frische Minze

1. Die Gelatine in kaltem Wasser einweichen. 3 EL von der Buttermilch leicht erwärmen und die ausgedrückte Gelatine darin auflösen.
2. Die Dickmilch, den Honig und die übrige Buttermilch unterrühren und die Masse im kalten Wasserbad unter ständigem Rühren abkühlen lassen.
3. Das Eiweiß sehr steif schlagen und unter die Creme ziehen, wenn diese leicht zu stocken beginnt. In kalt ausgespülte Förmchen füllen und im Kühlschrank 2-3 Stunden erkalten lassen.
4. Die Heidelbeeren waschen, verlesen und trockentupfen. Die Dickmilchcreme aus den Förmchen stürzen und auf Dessertteller setzen. Mit den Heidelbeeren umlegen, leicht mit Staubzucker bestäuben und mit Minzeblättchen garnieren.

Pro Portion: 2 Fettpunkte • 24 g Kohlenhydrate • 2 BE

Zitronenquark mit Kiwi und Feigen

1 Zitrone (unbehandelt)
300 g Magerquark
20 ml Milch (1,5 % Fett)
2 EL Zucker
2 Kiwi
2 Feigen
½ Bund Zitronenmelisse

1. Die Zitrone heiß abspülen und dünn schälen. Die Schale fein würfeln und die Zitrone auspressen. Den Magerquark mit der Milch, dem Zitronensaft, der Zitronenschale und dem Zucker abschmecken.
2. Die Kiwis schälen und in Scheiben schneiden. Die Feigen waschen, Stielansatz entfernen und vierteln. Den Zitronenquark auf Tellern verteilen und mit kleingeschnittener Zitronenmelisse bestreuen. Kiwis und Feigen dekorativ neben dem Quark anrichten.

Pro Portion: 1 Fettpunkt • 29 g Kohlenhydrate • 1,5 BE

Joghurtcreme auf Erdbeerpüree

120 g Erdbeeren
3 Blatt Gelatine
300 g Joghurt (1,5 % Fett)
Saft von ½ Zitrone
1 EL Zucker

1. Die Erdbeeren waschen, putzen und mit einem Mixer pürieren. Die Gelatine in kaltem Wasser einweichen, ausdrücken und bei geringer Hitze auflösen.
2. Joghurt mit Zitronensaft glattrühren und mit dem Zucker abschmecken. Diese Creme vorsichtig unter die aufgelöste Gelatine rühren. Anschließend in zwei kalt ausgespülte Förmchen abfüllen und etwa 2 Stunden kühlstellen.
3. Das Erdbeerpüree auf Tellern verteilen. Die Joghurttörtchen kurz in heißes Wasser tauchen, stürzen und auf das Erdbeerpüree setzen.

Pro Portion: 2 Fettpunkte • 15 g Kohlenhydrate • 1 BE

Carpaccio von Erdbeeren

200 g Erdbeeren
1 Sternfrucht
1 Limette (unbehandelt)
1 EL Ahornsirup
1 Zweig Zitronenmelisse

1. Die Erdbeeren vorsichtig waschen und auf Küchenkrepp abtropfen lassen. Blätter und Stielansatz entfernen. Beeren in hauchdünne Scheiben schneiden und auf Tellern anrichten. Die Sternfrucht gründlich waschen, ebenfalls hauchdünn schneiden und dekorativ neben die Erdbeeren legen.
2. Die Limette mit heißem Wasser gründlich waschen, trockenreiben und die Schale in feine Streifen schneiden. Die Limette auspressen, Saft mit der Hälfte der Schale und Sirup vermischen, über das Carpaccio geben, kühlstellen und etwas durchziehen lassen.
3. Melisseblättchen kurz abbrausen, trockenschütteln und die Blättchen vom Stiel zupfen. Das Erdbeercarpaccio mit den restlichen Limettenstreifen und Melisseblättchen dekorieren und sofort servieren.

Pro Portion: 0 Fettpunkte • 11 g Kohlenhydrate • 1 BE

Gelbgrüne Fruchtgrütze

2 Kiwis
4 Aprikosen
1 TL Kartoffelmehl
125 ml Aprikosensaft
2 EL Zucker

1. Die Kiwis schälen, halbieren und in kleinere Würfel schneiden. Die Aprikosen mit heißem Wasser überbrühen, abziehen, entkernen und ebenfalls in kleine Würfel schneiden.
2. Das Kartoffelmehl mit etwas kaltem Fruchtsaft anrühren. Den restlichen Saft mit dem Zucker aufkochen. Das angerührte Kartoffelmehl dazugeben und 2 Minuten unter ständigem Rühren kochen lassen.
3. Vom Herd nehmen, die vorbereiteten Früchte untermischen und etwa 10 Minuten durchziehen lassen. Die Grütze in Gläser füllen und erkalten lassen.

Pro Portion: 0 Fettpunkte • 33 g Kohlenhydrate • 3 BE

Joghurt-Tiramisu

(für 4 Personen)

250 ml Magermilch
4 Blatt weiße Gelatine
40 g Zucker
Mark 1 Vanilleschote
1 Päckchen Vanillepuddingpulver
2 Eiweiße (steif geschlagen)
100 g Magerquark
150 g Joghurt (1,5 % Fett)
180 g Löffelbiskuits
½ Tasse starker Kaffee
1 TL Kakaopulver

1. Milch zum Kochen bringen. Gelatine in kaltem Wasser einweichen, ausdrücken und in die heiße Milch geben. Die Milch mit Zucker süßen und das Vanillemark dazugeben.
2. Vanillepuddingpulver in wenig kalter Milch glattrühren und unter ständigem Rühren in der heißen Milch aufkochen lassen, vom Herd nehmen und das steif geschlagene Eiweiß vorsichtig unterheben.
3. Den Quark mit dem Joghurt verrühren und die Milchmasse locker untermengen. Eine rechteckige Form mit Löffelbiskuits auslegen und mit Kaffee tränken.
4. Die Hälfte der Masse einfüllen, eine Schicht Löffelbiskuits darauflegen, tränken und die restliche Masse mit dem Teigschaber darüber glattstreichen. Im Kühlschrank 2-3 Stunden, am besten über Nacht, kalt stellen.
5. Vor dem Servieren aus der Form lösen, mit Kakao bestäuben, portionieren und anrichten.

Pro Portion: 5 Fettpunkte • 38 g Kohlenhydrate • 3 BE

Apfeltarte

(für 12 Stücke)

150 g Weizenmehl (Type 405)
50 g Butter
100 g Zucker
1 Ei
1 Eiweiß
1 Päckchen Vanillinzucker
Püree von 1 kg gekochten Äpfeln
2 Äpfel
80 g Aprikosenmarmelade
Saft von 1 Zitrone

1. Für den Teig Mehl auf eine Arbeitsfläche sieben. In die Mitte eine Mulde drücken. Butter, 50 g Zucker, Ei, Eiweiß und Vanillinzucker hineingeben. Mit den Händen die Zutaten in der Mulde vermengen, dann das Mehl einarbeiten. So lange leicht kneten, bis ein geschmeidiger Teig entsteht.

2. Den Teig in Frischhaltefolie wickeln und etwa 1 Stunde kalt stellen. Dann auf einer bemehlten Arbeitsfläche in Größe der Tarteform (ca. 26 cm) sehr dünn ausrollen. In die Form legen, dabei einen Rand formen.

3. Großzügig Apfelpüree auf dem Boden verteilen, Äpfel schälen, in dünne Scheiben schneiden und darauf schichten. Mit dem restlichen Zucker bestreuen und im vorgeheizten Ofen bei 190 °C etwa 40 Minuten backen.

4. In der Zwischenzeit Marmelade und Zitronensaft erhitzen, durch ein Sieb streichen und dünn auf der heißen Tarte verteilen. Heiß oder kalt servieren.

Pro Stück: 4 Fettpunkte • 33 g Kohlenhydrate • 3 BE

bei den Zucker nach und nach einrieseln lassen. Zum Schluß Backpulver und Speisestärke mischen, darübersieben und unterheben.

2. Die Baisermasse auf die Mitte des Backblechs geben und mit Hilfe eines Messers einen etwa 18 cm großen Kreis daraus formen, der Rand soll etwas höher sein. Das Baiser im vorgeheizten Ofen bei 100 °C etwa 1 Stunde und 30 Minuten backen.

3. Das Baiser aus dem Ofen nehmen, abkühlen lassen und vorsichtig das Backpapier entfernen. Die Kiwis schälen und in Scheiben schneiden. Das Baiser auf eine Tortenplatte heben und mit Kiwischeiben garnieren.

Pro Portion: 2 Fettpunkte • 26 g Kohlenhydrate • 2 BE

Baiser-Torte mit Kiwis

(für 4 Personen)

1 TL Rapsöl
3 Eiweiße
75 g Zucker
1 TL Backpulver
1 TL Speisestärke
4 Kiwis

1. Ein Backblech mit Backpapier auslegen und leicht mit Öl bestreichen. Eiweiße halb steifschlagen, da-

Blätterteig-Joghurt-Torte

(für 18 Stücke)

400 g Blätterteig (4 Platten, TK)
1 Eigelb
600 g Naturjoghurt (1,5 % Fett)
Mark von 1 Vanilleschote
2 EL Zitronensaft
100 g Zucker
6 Blatt weiße Gelatine
200 g Sahne (10 % Fett)
400 g Erdbeeren oder andere Beeren der Saison
100 g Sahne zur Dekoration

1. Blätterteigplatten auftauen lassen und leicht ausrollen. Mit einem Springformrand 4 Böden ausstechen, mit verquirltem Eigelb bestreichen und bei 200 °C etwa 12-15 Minuten backen.

2. Joghurt mit Vanillemark, Zitronensaft und dem Zucker verrühren. Die eingeweichte Gelatine ausdrücken, auflösen und unter die Joghurtmasse rühren. Die steifgeschlagene Sahne unterheben, sobald der Joghurt zu gelieren beginnt.

3. In eine Springform einen Blätterteigboden einsetzen, dann ⅓ der Masse einfüllen und die Hälfte der geputzten Erdbeeren darüberstreuen; darauf dann wieder einen Blätterteigboden, ⅓ Masse und die restlichen Erdbeeren geben. Zum Schluß noch einen Blätterteigboden und darüber die restliche

Masse glattstreichen. Die Torte im Kühlschrank etwa 4-5 Stunden gut durchkühlen lassen und dann mit etwas geschlagener Sahne, einigen Erdbeeren und dem in Fächer geschnittenen letzten Blätterteigboden garnieren.

Pro Stück: 9 Fettpunkte • 21 g Kohlenhydrate • 2 BE

Dr. Dierk Heimann • Prof. Dr. Jürgen Margraf • Prof. Dr. Volker Pudel

Weg mit dem Fett

Der neue Weg, um satt abzunehmen

Sie haben Übergewicht und werden es nicht los? Dann machen Sie einfach Schluß mit Spezial-Diäten, Kalorienzählen, Jojo-Effekt und anderen Strapazen: Abnehmen geht auch anders, ohne Hunger, ohne Frust – einfach mit weniger Fett.

Mit der neuen Antifettpille Xenical nimmt der Körper 30 Prozent weniger Fett aus der Nahrung auf. So können auch schwer Übergewichtige (auf Rezept) ihr Körperfett zum Schmelzen bringen – ohne Nebenwirkungen, wenn man sich fettnormalisiert ernährt. Ernährungspsychologe Prof. Dr. Volker Pudel und Verhaltenspsychologe Prof. Dr. Jürgen Margraf haben auf der Grundlage ihrer jahrelangen Arbeit mit Übergewichtigen ein Ernährungsprogramm zusammengestellt, mit dem Sie sich ohne große Qualen schlank essen können. Arzt und Erfolgsautor Dierk Heimann hat diese fettnormalisierte Ernährungweise und alles über Xenical für Sie leicht verständlich und sofort umsetzbar aufbereitet – mit vielen alltagserprobten Tips und Rezepten für ein schlankes Leben mit vollem Genuß.

Mit BMI-Kalkulator, Fettpunktekonto und Lebensmitteltabelle

VGS VERLAGSGESELLSCHAFT